成功事例でわかる

小さな会社の

✓ 採用

✓ 育成

✓ 定着

の教科書

㈱新経営サービス コンサルタント
大園羅文

日本実業出版社

はじめに

▼

　「ヒト・モノ・カネ・情報」という４つの経営資源のうち、企業において最も重要なのは「ヒト」です。しかし、売り手市場の進行や離職率の増加によって、「ヒト」に関する悩みを持つ中小企業は年々増加しています。

　「募集をしても応募が来ない」「毎年新しい募集方法を試しているが採用コストが膨らむばかりでうまくいかない」「採用目標人数に届かず年々人手不足に陥っている」「採用してもよい人材がすぐに離職してしまう」……。多くの中小企業はこのような悩みを持っています。「ウチみたいな中小企業によい人材は来てくれないし、定着もしない」と嘆いている経営者も多いのではないでしょうか。

　一方で、無名の中小企業でも、欲しい人材を、欲しい時に、欲しい人数だけ採用している企業や、採用した人材を定着させ、早期に戦力化している企業が一定数存在するのも事実です。

　その違いはどこから生じているのでしょうか。

　実は、多くの中小企業が採用・定着に苦戦する理由は、「現状に合わない時代遅れの採用活動・定着施策を行なっている」ことにあります。成功している企業は、「採用・定着の勘所を押さえ、時代に即した戦略的・計画的な採用活動・定着施策」を取っています。奇を衒った独自の手法などではなく、採用市場や求職者の動向、現代の若手世代の特徴等を押さえつつ、採用活動・定着施策における「基礎・基本」を徹底的に遂行した企業が成果を上げているのです。

　本書は、中小企業が「欲しい人材を、欲しい時に、欲しい人数だ

け採用する」「自社にとって必要な人材を定着（離職率10%未満）させ、早期に戦力化する」といった採用・定着のゴール（＝成功）の実現に向け、押さえるべき勘所や、最新の採用市場・求職者動向を踏まえた採用・定着におけるポイントについて、豊富な事例を交えて解説しています。具体的には、以下のような特徴があります。

①中小企業の採用・定着分野に携わってきたコンサルタントが、採用・定着における中小企業独自の成功・失敗事例とその要因を具体的に解説している

②最新の企業・求職者動向や採用・定着手法の解説を通じて、現代における採用・定着の勘所や基礎・基本が理解できる

③すぐに活用できる実践的なデータ・資料や中小企業の実例を豊富に紹介しており、自社の採用・定着施策に取り入れやすい

　私は、採用・定着コンサルタントとして、多くの中小企業へコンサルティングを実施してきました。そして、採用・定着を自社の最重要課題であると捉えた経営者や人事部門メンバーとともに、いままでの採用・定着施策を見直し、現代の実態に即したものへと少しやり方を変えたことで、見違えるような成果を上げた中小企業を数多く見てきました。

　もし、採用・定着についてお悩みなら、ぜひ本書を参考に自社の採用・定着施策を見直してください。

　本書を通じて、魅力溢れる日本の中小企業に、よりよい人材を採用・定着できる企業が増えれば、著者として、また「中小企業の役に立つ人間でありたい！」と願う私にとって、望外の喜びです。

　令和５年６月　　　　　　　　　　　　　　　　大園羅文

なぜ中小企業は人材が採れないのか、定着しないのか

実例で見る中小企業の典型的な間違い／とりあえず始めて失敗で終わる採用活動／他人任せの自社PRでは熱意は伝わらない／定着率が低いのは「ここにいても成長が見込めない」から／中小企業の新人定着の悪さはハズレ上司に原因がある／中小企業が間違いから抜け出して成功するためには／多くの経営者は自社の魅力に気づいていない

中小企業は「採用・育成」のセットで勝負する

 「求める人材像」の策定なくして
人材採用の成功はあり得ない

求める人材像があいまいな会社に人材は来ない／何のために求める人材像を策

定するのか／人材像策定のメリット／間違ってはいけない！　採用のゴールとは会社の成長／「なんとなく採用」の罠から抜け出そう

2 採用戦略を策定し、わが社の「勝ちパターン」をつくる

採用戦略に必要なことは3つ／購買行動の分析を応用し問題点を明確にする／計画を画餅にしないためのクサビを打つ

3 求職者にとっての魅力・強みを打ち出す

何を魅力と感じるかは人によって異なる／自社の魅力・強みは、フレームワークで洗い出す／魅力のすそ野を広げよう／求人原稿は求職者が知りたい情報を伝えよう

4 価値観に寄り添うことで若手社員を定着させ成長させる

いまの若者が昔に比べ劣っているという勘違い／部下の成長を待つのは上司の義務／「3年の壁」を壊そう／上司は若手世代の特徴や志向・価値観を理解する／上司のよい習慣が若手社員を成長させる／上司は部下にとっての生きた手本であれ／若手社員に注目し、気づいた点はすぐにフィードバックを

5 方針があいまいなままでは若手社員の成長を阻害する

現場任せによる弊害／若手社員向けの教育計画を策定するメリット／教育計画策定時のポイント／採用・定着に役立つ教育計画の力

第3章

最速で新人を戦力化する教育計画の作り方 …… 105

1 適切な教育が若い社員の成長を促し定着率を上げる …… 106

2 最速で新人を戦力化する教育計画の策定手順 …… 113

3 着実な成長につながる重要スキルの伸ばし方 …… 143

第**4**章

自社にとって
最も効果的な採用の進め方

用広報・募集を行なう／**Step5** 切り札となるインターンシップ、採用説明会のやり方／**Step6** 人材を正しい見極め動機づけできる面接官の育成／**Step7** 内定者フォローで内定辞退防止と入社意欲向上を図る

自社にとって最適な
定着・育成の進め方

若手人材の特徴と
定着・育成に必要な4つのスキル

若手人材の3つの共通項／素直だがチャレンジしない若手とどう向き合うか

「接し方のスキル」を
定着・育成に有効活用するには

何に困っていて、何にストレスを感じるのかを知る／新入社員のストレス状況を観察する／定着・育成の第一歩は関係構築から

シーン別のGoodな叱り方、
Badな叱り方

ケース①学びと成長につながる叱り方／ケース②「意義」を理解させ前向きにさせる教え方／ケース③上司・先輩が見ているものは何かを伝える／ケース④叱るときはほめることから入る

ほめ方は間違えると逆効果。
モチベーションを高める5つのポイント

ブックデザイン／萩原 睦（志岐デザイン事務所）
DTP／一企画

序 章

なぜ中小企業は
人材が採れないのか、
定着しないのか

▼

「中小企業にはいい人は来てくれない」「採用してもすぐ辞められてしまう」——。実際に多くの中小企業が抱える悩みです。しかしそれは「中小企業だから」なのではありません。中小企業もやり方次第で、よい人材を採り、その人材に長く働いてもらうことは可能です。

実例で見る中小企業の典型的な間違い

「募集をしても応募が来ない」「毎年新しい募集方法を試している
が採用コストが膨らむばかりでうまくいかない」「採用目標人数に
届かず年々人手不足に陥っている」「採用しても、よい人材がすぐ
に離職してしまう」……

多くの中小企業が抱える悩みです。

近年の全国有効求人倍率（求職者1人に対して何社の求人がある
か）は、平均で1.35倍（厚生労働省「一般職業紹介状況」）、大卒で
は1.71倍（リクルートワークス研究所「第40回ワークス大卒求人倍
率調査」）です。

離職率は全国平均が14.0％（厚労省「雇用動向調査」）、入社3年
以内では高卒が36.9％、大卒で31.2％（厚労省「新規学卒就職者の
就職後3年以内離職率」）となっています。

この数値を中小企業（従業員数300名未満の企業）に限定すると、
大卒の有効求人倍率は5.31倍、入社3年以内の離職率は高卒で48.7％、
大卒で44.2％と、全企業平均と比較しても、人が採れない・定着し
ない中小企業の実態は明らかです。

では、なぜ多くの中小企業は「人が採れない・定着しない」ので
しょうか？

「大企業に比べて知名度がないから」「給料が安いから」。たしか
にそれも理由ではあるでしょう。

しかし、採用数や定着率の低さの主たる理由はそこにあるわけで
はありません。実はもっと大きな原因があります。

|図0-1|中小企業の離職率

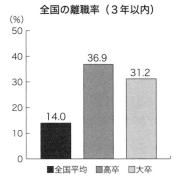

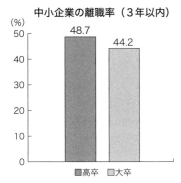

※厚労省調査『新規学卒就職者の就職後3年以内離職率』より作成

　その原因とは、現状に合わない時代遅れの採用活動・定着施策を行なっていることです。

　中小企業だから、そもそもよい人は来てくれない、採用しても定着しないのではなく、**間違った採用活動・定着施策を実行しているから、人が採れない・定着しない**のです。

　翻ってみれば、これは中小企業には採用・定着を間違って捉えている会社が多いということであり、この**間違いを正せば、中小企業でも大企業に伍して採用・定着、そして人材育成もできる**ということに他なりません。

　私はコンサルタントの立場から、そういう間違いを改善し、採用・定着で成果を上げた会社を数多く見ています。

　ですから現在、人が採れないと悩んでいる会社は、すこしやり方を変えるだけで、見違えるほどの成果を上げることだって不可能ではありません。

　チャンスはあるのです。

まずは間違いを正すことから始めなければなりません。

では、中小企業にありがちな間違いとはなんでしょうか。

中小企業はどんな間違いを犯しているのか。具体的に、中小企業の採用・定着における典型的な間違いを実例で見ていきましょう。

とりあえず始めて失敗で終わる採用活動

中小企業A社では、若手人材の募集に「ハローワーク」や「リクナビ」、「マイナビ」といった採用媒体での求人だけでなく、人材紹介会社やヘッドハンティング会社を活用するなど、毎年さまざまな採用方法を新たに試していました。

しかし残念ながら、採用活動にかかる時間・コストが年々増えるだけで、しばらく20代〜30代の人材を採用できていません。

A社が採用活動に失敗している原因は、場当たり的な活動に終始していたことにあります。

具体的には、「求める人材像（採用ターゲット）を定めていない」こと、そして「いつ・誰が・何を・どのように行なうのか採用活動プランがあいまい」で、責任の所在も明確ではありませんでした。

このように、多くの中小企業では、従前からの採用活動のやり方にならって、"とりあえず"採用活動を始めて、"なんとなく"求職者からの応募を待つといった、無計画・無責任な採用活動を繰り返しています。

どのような人材を採用したいのか「求める人材像」を定めない、場当たり的な採用活動では成功はあり得ません。

場当たり的な採用活動では、かける資源と時間が分散してしまうため、もともと採用活動に制約のある中小企業の成功率をさらに下

げてしまうのです。

　戦略的に考え、計画的に行動しなければ結果は出ません。

　また、あらかじめ採用戦略・実行計画を立てていないと、「何が
よくて何が悪かったのか」の検証ができないため、採用力の蓄積に
つながらず、年々コスト・時間ばかりかかるだけの人が採れない企
業になってしまいます。

　私はコンサルタントとして多くの中小企業とご縁をいただいてい
ますが、「採用戦略（勝ちパターン）」の有無に、人材採用に成功し
ている企業と失敗している企業の違いがあると感じています。

　採用戦略を策定できれば、中小企業でも、ムダな時間・コストを
かけずに、欲しいときに・欲しい人材を・欲しい人数、採用できる
ようになります。

他人任せの自社PRでは熱意は伝わらない

　B社では、求人原稿に仕事内容や給与といった「求人要項」のよ
うな必要最低限の情報しか記載していませんでした。

　自社の魅力・強みや、求職者にとって入社するメリットを感じさ
せる情報がおざなりでは、「この会社は本気で採用を考えているのか」
と訝られ、熱意も伝わりません。

　多くの中小企業では、総務人事部門の社員が本来の業務と兼任で
採用活動を行なうケースが多く、物理的に採用活動に割ける時間に
制限があるとはいえ、以下①②のような情報提供をしてはいけませ
ん。

①採用媒体会社が作成した求人原稿をそのまま掲載する

「リクナビ」、「リクナビNEXT」や「doda」、「エン転職」など、世の中にはさまざまな採用媒体が存在していますが、ほとんどの採用媒体では、掲載前に取材を行ない、媒体の担当者やライターが求人原稿を作成します。

彼らはその道のプロフェッショナルですが、任せっきりは禁物です。自分の会社のことを社員とライターのどちらが理解しているかといえば、当然、社員のほうであることは疑いありません。

会社の持つ具体的な魅力・強みを、説得力を持って語り、その熱意を求職者に伝えるには、ＰＲ原稿は決してライター任せにせず、いったん仕上がったものでも、必ず社員の意見や考えを加えてブラッシュアップさせることが重要です。

伝える文章力はプロのライターのほうが優れていますが、ライターの力に社員の熱意や想いが重ならなければ、求職者の心を動かす文章とはなりません。

②過去に作成した求人原稿を使い回す

過去の求人原稿の使い回しは、なかなか人材採用に人員を割けない中小企業ではありがちです。

欲しい人材像によっても、時代の変化によっても、求人原稿に求められる情報や自社が魅力的に感じられる情報は変わってきます。こうしたビビッドな情報をアップデートしていないと、求職者に「刺さる」アピールとはなりません。

自社サイトのＰＶ数・応募数などをこまめにチェックし、定期的に原稿内容のリニューアルをし続ける、こういうところに手間ひまをかけることが応募を増やすためには必要なのです。

定着率が低いのは「ここにいても成長が見込めない」から

　ここからは「なぜ定着率が上がらないのか」の、その原因である中小企業にありがちな間違いを見ていきます。

　以下はいわゆるＺ世代の特性を踏まえず、時代錯誤の教育を行なっていたＣ社のケースです。Ｚ世代とは概ね1990年代中盤から2010年代序盤までに生まれた世代のことで、現在28歳くらいまでの若者世代を指します。

　このＣ社は老舗企業ということもあり、仕事は現場での試行錯誤を通じて身体で覚えるものという考え方をとっていて、新入社員教育も満足に実施していませんでした。上司は仕事の目的や意図を伝えることなく、単なる指示や命令のみを行なっていました。

　結果、せっかく苦労して採用した若手人材が、毎年のように離職し「採用してもすぐに離職してしまう」という悪循環に陥ります。

　Ｃ社が人材育成に失敗してしまった原因は、企業独自の旧来の価値観をもとに“間違った教育”が続いていたことにあります。

　詳細は第５章で述べますが、企業が歳月をかけて培った伝統であっても、企業が創業し基礎をつくった時代と現代では、社会も人々の価値観も大きく異なります。

　たしかに企業体質はその会社の文化であり、長年にわたり継承した大事な伝統でもあります。しかし、**古い体質をそのまま残し、それを頑なに守り、妥協を許さない姿勢を貫いてばかりでは、現代の若者にとってはいづらい環境である**ことも認識すべきです。

　企業体質や文化を変えることは、過去の価値観の否定にもつながりますので長年その会社にいる人にとっては、ともすれば苦痛の伴

うことでもあります。

　しかし、企業体質や文化を変えることは、会社が新しく生まれ変わるチャンスでもあります。新しい人材を採用し定着率を上げ、それが企業革新に結びつけば、会社が一段強くなることもあります。定着率の改善は会社の改善に他なりません。

　現代の社会やとりわけ若者が持つ価値観・考え方で、若い社員に寄り添った成長支援・育成指導を行なうことも、若手人材の定着と成長を促すには重要です。

　たとえばＺ世代の特徴の１つとして、「目的志向があり、先行き不透明なものを嫌がる傾向が強い」ことが挙げられます。

　「とりあえずやってみろ！」という教育では、モチベーションが低下し、「この会社にいても自身の成長が見込めない」と判断して離職してしまいます。

　「なぜ・何のために、この業務をやるのか」「この業務を通じて、どのような知識・スキルが身に付くのか」を説明し、業務遂行の意義を理解させ、動機づけすることで、若い社員はやりがいを感じながら働き、成長する人生を描けるようになるのです。

中小企業の新人定着の悪さはハズレ上司に原因がある

　Ｄ社は長年、現場任せのＯＪＴを続けており、育成方法・指導内容にバラつきがありました。新入社員をいつ・誰が・何を・どのように育成するのか、といった育成方法・指導内容についての方針・ルールがなく、ＯＪＴは配属された現場の上長にすべて一任していました。

　その結果、ある上長の下で働いていた新人は着実に成長し、社内

で大活躍していますが、別の上長の下で働いていた新人は成長スピードが遅く、最終的には会社に不満を持って離職してしまうということが続いていました。

　一見、問題は新人を辞めさせた上長の個人的な資質にあるようですが、そう捉えてしまうと問題の本質を見誤ります。問題の本当の所在は、会社の組織的なやり方にありました。会社が新人の育成に組織的に取り組まず、現場へ放任していたため、上長によって指導の内容にも、指導方法にもバラつきが出ていたことが原因です。

　詳細は第3章で述べますが、職種によって習得すべき知識やスキルは異なるものの、わが社の社員として習得すべきスキル・マインドは全社員が持つべきものです。

　したがってOJTといえども、会社が関与しないということはあり得ません。

　また、各職種で習得すべき知識やスキルについても、上長によってOJTスキルに大きくバラつきがあれば、その悪影響は新入社員の成長スピードに現われてしまい、効率的な人材育成ができないのみならず、離職率を高めることになってしまいます。

　新入社員に、いつまでに、どうなってほしいかをあいまいなままにして、現場任せの新人教育にゆだねてはいけません。

　このような教育方法では、いくら採用を重ねても文字どおりざるで水をすくうようなものです。

　この後の章で改めて詳しく述べますが、新人の定着と早期の戦力化のためには、組織としても次の点での準備が欠かせません。

- 会社として新人に求めるスキルとマインドを明確にする
- 会社として新人に任せる業務を選定する
- 育成スケジュールの作成
- 到達レベル【ゴール】の設定

中小企業が間違いから抜け出して成功するためには

　ここまで、私が体験し見聞きした中小企業でありがちな採用・育成・定着の間違いを挙げてきました。

　典型的な間違い事例を図0−2にまとめています。

　採用がうまくいかない、採ってもすぐに辞めてしまう、なかなか育たない理由の多くは、概ねこのあたりにあると思います。

　「ウチの会社もこのケースかも……」と思われた方は、本書を参考に、さっそく採用活動・定着施策の見直しを図ることをお勧めし

|図0−2|中小企業の典型的な間違い

①採用方針・戦略がないという間違い	採用が必要になった際、求める人材や採用方針・戦略や実行計画を立てることなく、いままでの採用活動のやり方に倣って、"とりあえず" 同じ採用媒体に同じ求人原稿を掲載して求職者からの応募を待つといった場当たり的な採用活動をしている
②求人募集・広報に工夫がない、他人任せという間違い	求人原稿に仕事内容や給与といった「求人要項」のような必要最低限の情報しか記載していない →自社の魅力・強みや、求職者にとっての入社メリット等の情報がなく、求職者に興味喚起できていない！
③若手人材の定着における上司の間違い	自社や上司が歩んできた環境や時代背景、あるいは培ってきた経験や価値観をもとに指導している
④若手人材の育成指導における上司の間違い	育成方法・指導内容の方針・ルールがなく、人材育成を現場任せにしているため、上長によって育成方法・指導内容にバラつきがある

ます。どういう手順で、何に取り組むかは、第1章以降で丁寧に解説していきます。

多くの経営者は自社の魅力に気づいていない

　中小企業には、その企業独自の魅力がたくさんあります。

　読者の皆さんの会社も、きっと多くの魅力や強み、仕事のやりがいや働きがいがあることでしょう。これらがアピールするべきポイントです。

　しかし、ほとんどの中小企業では、その魅力や働きがいを採用活動で前面にアピールできておらず、またすばらしい魅力があるのに当人たちが気づいていないこともあります。

　せっかくの魅力が求職者へ伝わらないままになっているのは、実にもったいないことです。本書では、会社の魅力の伝え方も具体的な事例で紹介していきます。

　人情に厚く、教育熱心な人の多い中小企業ですが、若手人材との接し方や褒め方・叱り方などのコミュニケーション、あるいは教育指導方法などが若手人材の志向や価値観とマッチしていないケースが多く、結果として離職が相次いで発生してしまいます。

　時代背景による価値観のギャップ、社会環境によるパーセプションギャップ（認識のずれ）など、個人の力を超えるギャップもありますが、いかなる会社であっても折り合いをつけることは可能です。そのための方法を、本書では詳しく述べていきます。

　次章以降、「求める人材の策定」、「あるべき採用活動フロー」について、育成・定着分野では「新入社員を最速で即戦力化するための教育計画」、「あるべき定着・育成の進め方」について、実例や成

功事例、アウトプットイメージなどを示しながら実効性の高いきめの細かい施策を数多く提示していきます。ＰＲ原稿例などは改善前、改善後でお見せします。

　私は中小企業の町である東京都・大田区の出身ということもあり、「中小企業の役に立つ人間になりたい」という志を持ってコンサルタントという職業を選択しました。

　いまでも仕事をするなかで、中小企業の魅力や人の温かさを日々感じています。だからこそ、その魅力をアピールできていない中小企業にもったいなさを感じるのです。

　採用・定着、それに人材育成の仕組みが適切に出来上がり、円滑に回りだせば、若い人材の採用・定着や育成に成果が出るばかりでなく、これらの仕組みをつくり、回すプロセスではその背景に現役社員のレベルアップがあります。

　社員のレベルアップとは、とりもなおさず会社のレベルアップを意味します。採用数、定着率を上げる取り組みは、同時に会社を強くする取り組みでもあるのです。この点についても、次章以降を通じてご理解いただけるものと思います。

第 **1** 章

中小企業は「採用・育成」のセットで勝負する

▼

本章では基本的な考え方を整理します。「どんな人材を求めているのか」「どんな魅力がある会社なのか」「どのように育成してくれる会社なのか」が応募者に伝わる、自社の「採用の勝ちパターン」を確立して、「採用→定着→育成」のサイクルを生み出しましょう。

「求める人材像」の策定なくして
人材採用の成功はあり得ない

　本章では、序章で挙げた中小企業の典型的な間違いに対する解決策をご紹介します。

　序章では「とりあえず始めて失敗で終わる採用活動」が中小企業に多い間違いの１つであるとしました。つまり方針も計画もあいまいなまま、なんとなくその時期になったら採用活動を始める、戦略も計画もない採用活動に失敗の原因があるということです。

　では、この間違いをどうやって正せばよいか、この点から見ていきましょう。

求める人材像があいまいな会社に人材は来ない

　「貴社の求める人材とは、どのような人材ですか？」

　この質問に対して、具体的かつわかりやすく回答できる中小企業の経営者や人事責任者は多くないでしょう。

　それは大半の人が「なぜ、何のために〈Why〉、どのような人材を採用すべきか？」よりも「どうすれば〈How〉応募が増えるのか」にばかり意識が向いているからです。

　ある中小企業の経営者と求人について検討していたとき、次のようなことを言われたことがあります。

　「大園さん、ウチの会社はそもそも応募が少ないから、求める人材像を策定したところで、そんな人材から応募は来ないし、あまり意味がないんじゃないかな。それよりも、どのような採用媒体を使えば効果が高いとか、どんな求人原稿を書けば応募が増えるかとか、

そういう具体的な手法を教えてよ」

　求める人材像の策定など無意味と、全否定でした。慢性的な人手不足に陥り、「いますぐにでも人手が欲しい！」と嘆く中小企業は多く、このような意見が出ることはよく理解できます。

　しかし、私に言わせれば「応募が増えないから求める人材像は必要ない」のではなく、「求める人材像があいまいだから応募が増えない」のです。

　人材像が定まっていないまま行動計画だけが先行するのは、目的地を決めずに車をスタートさせるのと同じです。普通の人はやりませんが、中小企業の採用ではそんな不思議なことがよく起こります。

何のために求める人材像を策定するのか

　たとえば、自社にとって適切な採用媒体・広報手段を選択できるか否かは、採用活動の成否を大きく分けますが、どのような判断基準でそれらを選定するのでしょうか。

　あるいは、応募数の増加を目指して求人原稿を作成する際、どのような観点から訴求すべき自社の魅力・強みを絞り込むのでしょうか。面接の場で合否を判定する際、どのような基準をもって意思決定するのでしょうか。答えのすべては「求める人材像」にあります。

　つまり、「20〜30代で営業経験のある人材を採用したい〈Why〉から、若手・営業経験者に強いこの媒体を活用しよう〈How〉」「地元で長く働ける人材を採用したい〈Why〉から、求人原稿では福利厚生や職場環境、多様な働き方についてアピールしよう〈How〉」「成長意欲が高く、若いうちからさまざまなことにチャレンジする人材が欲しい〈Why〉から、面接の合否は主体性や成長意欲を中心に判断しよう〈How〉」というように、求める人材像〈Why〉

があって、はじめてどのような採用活動をすれば効率的・効果的に人材を採用することができるのか〈How〉を導き出すことができるのです。

「求める人材像を追求したら現有社員は1人もそれに当てはまらないのではないか」と不安になる経営者もいるかもしれません。しかし、仮にそうであっても、それは否定的に捉えるべきことではなく、現状で足りていない部分が見えたと考えればよいのです。求める人材像に至る道筋こそ、現有社員とこれから入る新人が等しく目指すべき道筋であり、会社が成長発展する道筋でもあるからです。

人材像策定のメリット

このように、求める人材像の策定は、人材採用活動を始める際の最初のステップといえます。そのうえで求める人材像を策定するメリットを改めて整理すると、次のとおりとなります。

①求職者の帰属欲求に応えられる

求職者は一部でも自分が「人材像」に一致する、あるいは近いと思うことで「自分は求められている」という自己肯定感を生じます。

集団に帰属したい、認められたいという本能を持つ人間にとって、この肯定感は入社への強い動機づけとなります。

②採用活動で打つべき手がわかる

求める人材を策定することで、採用する媒体や自社のアピール方法が自ずと明確になり採用活動の効果を上げることができます。

さらに採用活動をあらためて振り返るとき、改善点の洗い出しが容易となり、採用力の強化・改善を図ることができます。

③企業にとって不要な応募防止につながる

　求める人材像を明確に求人原稿や採用サイト等で公開すれば、求職者自身が「自分はこの会社に求められているか」を、事前に判断可能となります。

　採用のミスマッチを一定程度抑えられ、応募してくる求職者の質の安定にもつながります。自社にとって不要な応募が減ることは、費用面でも労力面でも、採用コストの削減につながります。

　削減できた労力を、求めている人材へのフォローに費やせば、選考辞退や内定辞退の防止が期待できます。

④面接官の判断ミスを防止する

　面接官を担当する社員が複数名になる場合は、採否の決定基準にそれぞれの社員の考え方や価値基準が、多かれ少なかれ入ることになります。こうした基準のバラつきを抑えるうえでも「自社がどのような能力、スキルを持っている人材を採用すべきか」という明確な軸が必要です。その軸に沿って採否を決めれば採用のミスマッチを抑え、結果として早期離職率の改善にもつながります。

間違ってはいけない!　採用のゴールとは会社の成長

　では、求める人材像はどのように策定するのでしょうか。具体的な手法や事例は第2章で詳しく述べますので、ここではポイントを絞ってお伝えすることにします。

①求める人材像は、今後の事業展開や経営ビジョン、コンピテンシーをもとに洗い出す

　求める人材像を設定する際は、人事責任者や採用関係者だけでな

く、必ず経営者や経営幹部を交えて検討してください。それは、人材採用のゴールは「人を採ること」ではなく、「人材採用という手段を通じて、会社を成長・発展させること」にあるからです。したがって、経営者が今後の事業展開やビジョンを示し、それを実現するうえで必要な人材像を洗い出すことが最も重要な作業となります。

　人材採用を会社の成長・発展につなげるためには、当然ながらその人材は自社で活躍してくれる人でなければなりません。そこで経営幹部を中心としたハイパフォーマーへヒアリングし、自社で活躍する人材に共通した行動特性（＝コンピテンシー）も洗い出します。

②洗い出した情報をスキル・マインドに区分する

　求める人材像は、年齢・居住地・年収などの「定量分類」とスキル・マインドなどの「定性分類」に区分されますが、ここでは言語化の難しい「定性分類」を具体化する方法についてご紹介します。

　「定性分類」に関する要件は、言葉でのみ表現することができるものであるため、人によって捉え方や解釈の違いが生じます。

　たとえば「タフな人」「ガッツがある人」「コミュニケーション能力が高い人」などを求める人材像として掲げる企業は多いですが、そのイメージや求めるレベルは人によって異なりあいまいです。

　このように人によって捉え方や解釈に違いが生じると、せっかく基準を定めても面接官の合否基準にバラつきが生じ、結果として採用のミスマッチや求める人材の取り逃がしを起こしかねません。

　そのため、経営者・経営幹部にヒアリングした情報をダイレクトに文章化するのではなく、スキルやマインド等のキーワードベースで情報を整理するというワンステップを加えます。

　スキルの要素は、能力・知識・経験です。細分化すると、「能力」

│図1-1│情報の分類サンプル

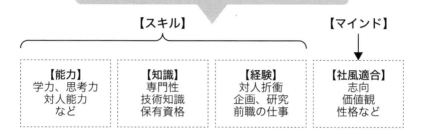

は学力、思考力、対人能力など、「知識」は専門性、技術知識、資格、「経験」は対人折衝、企画、前職の仕事などとなります。

マインドの要素は自社の社風に合うかどうかが基準となり、志向、価値観、性格などを考慮します（図1-1参照）。

上記の整理が完了したら、スキル・マインドにおけるそれぞれの要素を必須要件（Must）・歓迎要件（Want）・不要要件（Negative）の3区分に細分化していきます（次ページ図1-2）。

イメージとしては、スキル・マインドの分類が縦軸での整理、Must・Want・Negativeが横軸の整理を行なうイメージです。

Mustの要件は、「自社で働くうえで、これだけは絶対に必要！という、業務を行なううえで必要不可欠な要素」です。Wantの要件は、「業務を行なううえで必要であるものの、入社後に育成することが可能であることや、あると望ましいこと」です。Negativeの要件は、「自社で業務するうえで絶対に不要なことや、働くうえで障害となる可能性があること」です。

タテ軸（スキル・マインド）、ヨコ軸（Must・Want・Negative）で整理をした要件のうち、スキル・マインドにおける

|図1-2|スキル・マインドの整理

観点	Must	Want	Negative
スキル	■傾聴力 ■発信力	■実行力	■受け身・指示待ち ■自己中心的な行動・言動 ■自ら考え・行動できない
マインド	■目標志向 ■自己成長意欲	■顧客志向・相手志向 ■主体性・当事者意識	■他責志向 ■失敗を恐れる ■自己成長意欲が低い

Must要件を言語化します。

　たとえば、マインドのMust要件として「主体性のある人材」というキーワードが挙がった場合、「わが社にとっての主体性のある人材とはどのような行動をしている人材か」について検討します。

　以上の点を押さえることで、自社が求める人材像を明瞭に策定することができるだけでなく、会社として採用すべき人材に関する目線合わせを行なうことができます。

「なんとなく採用」の罠から抜け出そう

　序章で述べたとおり、多くの中小企業は、求める人材像があいまいなまま"とりあえず"採用活動を始めて、"なんとなく"求職者からの応募を待つという、無計画・無責任の採用活動に陥っています。

　しかし、「自社に必要なのはどのような人材なのか」「自社で活躍できる人材とは、どのようなスキル・マインドを持つ人材なのか」といった「求める人材像」を定めずに採用活動を行なっても、人材採用の成功はあり得ません。

　まずは、この点をしっかりと押さえましょう。

採用戦略を策定し
わが社の「勝ちパターン」をつくる

　人材採用に時間・コストを割くことが難しい多くの中小企業では、採用活動自体が膠着しているケースが少なくありません。

　いままではその手法で採用できていても、ウィズコロナ、アフターコロナの時代でも同じような結果が得られるとは限りません。そのような時代とミスマッチな採用活動を行なっていては、採用はおぼつかないのが現実です。

　「人材採用に成功している中小企業の共通点は何ですか?」と聞かれた場合、私は「採用戦略があり、かつその戦略をもとに採用PDCAを回し続けている企業です」と回答します。

　採用戦略とは、求める人材の獲得に向けた今後の採用課題と取り組むべきベースをもとに、「いつ」「誰が」「何を」「どのような手段

|図1-3|採用PDCA

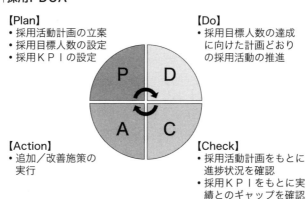

【Plan】
• 採用活動計画の立案
• 採用目標人数の設定
• 採用KPIの設定

【Do】
• 採用目標人数の達成に向けた計画どおりの採用活動の推進

【Action】
• 追加／改善施策の実行

【Check】
• 採用活動計画をもとに進捗状況を確認
• 採用KPIをもとに実績とのギャップを確認

で」活動していくのかを見える化したものです。

　私は、多くの中小企業で採用支援に携わっていますが、さまざまな中小企業をご支援するなかで感じるのは、人材採用に成功している中小企業は、場当たり的にこなすだけの採用活動ではなく、ＰＤＣＡを高速に回しながら、計画的に勝つべくして勝つ採用活動をしているということです（前ページ図１−３参照）。

採用戦略に必要なことは3つ

　いま、採用戦略に必要なことは何なのか。そのキーワードは「オンライン化」「多様化」「早期化」の３つです。同時にこの３つが、今日の採用活動に欠かせない要素でもあります。

①採用でオンライン化は避けられない

　採用活動のオンライン化はどれくらい進んでいるでしょうか。コロナの影響で、ここ数年で多くの企業が採用説明会や面接の一部をオンラインで実施していますが、中小企業の場合は意外にもオンラインの導入が進んでいません。

　私が支援している中小企業も、支援前は対面のみの採用活動を実施していました。その理由を聞くと「ミスマッチを防止したい。オンラインでは、社内の雰囲気や社員の人柄などが伝わらない」とのこと。

　たしかにそういう側面もありますが、オンラインでの採用活動が当たり前の時代に、対面にこだわって採用説明会や面接をしてしまうと、求職者からすれば参加ハードルが高く、結果として応募をさらに減少させてしまう要因となってしまいます。

　対面は残すにしても、オンライン、リモートとのハイブリッドは

今日では必須条件です。

　「しっかり社風を伝えたい」といっても、そもそも応募がなければ意味がありません。まずはしっかりと応募を増やすためにも、オンライン化は避けられません。

②ダイバーシティへの対応は採用活動の多様化で

　生産年齢人口の減少による「売り手市場」によって、採用の手段も多様化しています。たとえば採用手段としてハローワークだけでなく「Indeed」やGoogleの「しごと検索」機能だったり、有料の求人募集手段として「リクナビ」や「マイナビ」の他、「マイナビジョブ20's」や「Re就活」といった20代専門の採用媒体もありますし、新卒領域では理系・体育会専門の採用媒体もあります。

　さらには「ビズリーチ」や「doda Recruiters」などのスカウトサービスやリクルートエージェント、パソナなどの人材紹介サービス、TwitterやFacebook、InstagramなどＳＮＳを介した人材募集も盛んで、今日の採用媒体は多岐にわたります。

　このように採用手段が多様化するなか、いままでの採用活動のやり方に固執していては、求める人材と出会える確率が低下してしまいます。各採用媒体の情報や動向をキャッチアップしつつ、求める人材に適した媒体を適宜活用することが求められます。

③早期化の背景には採用で出遅れは致命傷という厳しい現実が

　早期化は、新卒採用を行なう際に重要となるキーワードです。

　新卒採用ではいつ頃に面接を開始し、内定を出しているでしょうか。新卒採用をしている中小企業から、近年よく聞くのは、最近は４月頃に採用説明会を実施しても、以前と比べてまったく学生が集

まらないという声です。

その原因の１つが「採用活動の早期化」です。

㈱ディスコの調査によると、2024年卒業予定学生の面接開始時期は、３月までにスタートする企業が全体の66.5％、内定出しも３月までに40.1％の企業で始まっている、となっています。

このように全体的に採用活動の前倒しが進んでいるため、３月以降になればなるほど、説明会をやっても、すでに就職活動が終わっている学生も多いため、そもそもの母数が少なくなっています。

以上３つの背景から、数年前と同じような、ある種のルーティン化した採用活動を行なっている中小企業では、採用活動スケジュール自体を抜本的に変えなければなりません。

中小企業でもこういった時流やトレンドを押さえ、現代の求職者に合わせた採用活動を展開する戦略が必要です。

購買行動の分析を応用し問題点を明確にする

採用戦略とは、どのように策定するのでしょうか。具体的な手法や事例は、改めて第４章で詳しく述べますので、ここではポイントを絞って簡単にお伝えすることにします。

採用戦略を策定するうえで最も重要なポイントは、まず自社の採用活動が、欲しい人材を採用するための効果的な活動になっているかを総点検することです。次にその点検結果をもとに、採用の課題を洗い出し、今後の取り組みを具体化します。

では、どのような観点で自社の採用活動を総点検すればよいかというと、それにはマーケティングの観点で行なうことが効果的です。

次ページ図１－４は、マーケティングフレームの１つである「Ａ

|図1−4|AISASモデルで採用の流れを考える

	採用の観点	チェックポイント（例）
Attention	欲しい人材を多く抱える効果性のある媒体を活用しているか？	表示回数、PV数
Interest	求人原稿の内容は、求職者にとって魅力的か？	クリック数、クリック率
Search	採用サイトや口コミサイトで、魅力・働きがいをPRできているか？	閲覧数、口コミサイトの評価
Action	採用イベント/面接に参加した求職者の質・量 応募→入社までの歩留まり	応募数、面接率、内定承諾率
Share	社員からの人材紹介はあるか？	紹介人数

ISASモデル」と呼ばれるフレームです。消費者がモノ・サービスを購入するときの流れと、求職者が企業に応募するときの流れは非常に似ています。

　たとえばモノを購入するとき、どのような流れで進んでいるかというと、まずはCMやネット広告などでモノの存在を知り、その広告内容などを見て興味を持ち、Amazonのレビューや商品のサイトを閲覧した後に実際にそのモノを購入するといった流れかと思います。

　これを求職者の就職活動に置き換えると、「リクナビNEXT」や「マイナビ転職」といった採用媒体を通じて求職者が企業を認知し、そこに掲載されている求人原稿の内容を見て興味を持ち、採用サイトや会社の評判・口コミサイトを見て詳細を確認した後に応募をす

るといった流れになります。

　「募集しても応募が来ない」などの悩みを持つ中小企業でも、その原因が「そもそも自社の求人が認知されていない」のか、「認知はされているが、求人原稿を通じて興味喚起ができていない」のか、「興味喚起はできているが、採用サイト等での情報発信が十分にできておらず、応募前に離脱されている」のか、その原因によって応募増に向けて解決すべき課題は大きく変わります。

　このＡＩＳＡＳフレームをもとに、どの時点で求職者が離脱しているのか、なぜ離脱してしまったのかを整理していくことで、根本的な原因追究ができます。その原因から解決課題を絞り込み、解決していくことで、採用力の強化へとつながっていくのです。

計画を画餅にしないためのクサビを打つ

　先述のＡＩＳＡＳフレームをもとに採用課題を抽出し、解決策をもとに採用活動計画を策定しても「絵に描いた餅」になっていては意味がありません。

　また、長期間にわたる採用活動の場合、「現状の採用活動はうまくいっているのかどうか」現在地をチェックするための基準を用意しなければ、採用ＰＤＣＡは回りません。

　そこで採用活動がスムーズに進行できているかをチェックするための採用ＫＰＩ（次ページ図１−５）の設定や、採用ＰＤＣＡを回すための推進スケジュールを策定し、「いつ・誰が・何を実施するのか」を見える化します。

　ＫＰＩとは、「重要業績評価指標」のことで、採用活動では応募数や面接通過率・辞退率・入社率などが挙げられます。

|図1-5|採用KPI

観点	採用KPI例
Attention	■ 表示回数 ■ 各採用媒体画面のPV数
Interest	■ お気に入り件数、検討リスト登録数 ■ クリック数、クリック率 ■ DM・スカウトメールの開封率
Search	■ 採用サイト閲覧数（PV数） ■ 口コミサイトの評価 ■ 問い合わせ件数（採用サイト経由での応募数など）
Action	■ 応募数、イベント参加人数（採用説明会など） ■ 面接率（⇔辞退率） ■ 面接合格率（⇔面接不合格率） ■ 内定承諾率（⇔内定辞退率）
Share	■ 人材紹介人数

　採用KPIのポイントは、各部門・職種の採用目標人数を達成するために、各フローでどれくらいの応募人数が必要かを、過去の実績を踏まえてシミュレーションしながら設定することです。

　ある企業の場合、最終的には3名の採用を考えていたものの、今までの応募から内定までの合格率・辞退率を踏まえると、最終的にはトータルで120名の応募が必要であるとわかりました。

　たった3名の採用だけでも120名という応募数が必要であることがわかったため、この企業では当初1つの媒体のみを活用する予定でしたが、媒体の数を増やして求職者と出会う機会を増やし、面接官トレーニングを通じて面接官のスキルアップを図ることで採用辞退率を低下させるなど、具体的な対策を講じてKPI設定をしました。

　このように採用目標人数の達成に向けて、具体的にどれくらいの

応募が必要なのか、それは現実的に可能なのか、追加施策は必要ないのかなど、採用ＫＰＩの設定により、目標達成のための打ち手を明確にすることができました。

　また、採用活動終了後に実績値とＫＰＩを比較することで、新たな問題点の発見や今後の課題が検討しやすくなるため、採用ＰＤＣＡが回しやすく、採用力の強化につながるでしょう。

　同社では、採用力強化方針とともに設定した重点課題に対する実行スケジュールを整理しました。こういった計画の落とし込みが、採用力強化方針を絵に描いた餅にしないクサビとなります。

　先述したとおり、外部環境の変化や採用市場の変化が大きい現代において、人材獲得競争を勝ち抜くためには、少し求人原稿を変えてみるとか、面接のやり方を少し工夫するといったマイナーチェンジだけでは限界があります。

　いまはウィズコロナ、アフターコロナの時代を見据えて、抜本的に採用戦略を見直す時期です。現在行なっている採用活動が、「欲しい人材」を採用するための効果的な活動になっているか。そこを総点検し採用課題を特定したうえで、その課題を解決する「**自社の採用における勝ちパターン（採用戦略）**」を確立することが重要です。

求職者にとっての
魅力・強みを打ち出す

　求人原稿がありきたりで熱意が感じられない、他人任せで肝心な情報が欠けているというのは、序章でも指摘した中小企業の採用活動における典型的な間違いです。

　こうした間違いが起きる背景には、求職者の立場になって考えるという基本的なスタンスの欠落があります。

　「自分たちがこれでよいと思っているのだから、相手（求職者）もそれでよいはずだ」という勝手な思い込みが、決定的なコミュニケーションギャップを生んでいるのです。

　他人任せの採用活動に陥ってしまうのも、求職者に訴求すべき自社の魅力を追求しないのも、根底にはこうした勝手な思い込みがあります。

　この点を改めないと、いつまで経っても、いくら採用コストをかけようと、結果につながる効果的な採用活動はできません。では、どう改めればよいのでしょうか。

何を魅力と感じるかは人によって異なる

　面接で求職者によく尋ねる質問としてよく出るのが、「あなたの強みを教えてください」というものです。

　しかし、逆に求職者から「他社にはない貴社の魅力・強みは何ですか？」と聞かれて即答できる人事責任者は意外に少ないのではないでしょうか。

　採用活動がいわゆる売り手市場の今日、他社にはない魅力・強み

を求人原稿等で訴求して差別化を図ることは、人材採用を成功させるうえで非常に重要です。

　また、魅力・強みが明確になっていたとしても、それが必ずしも求職者にとっての魅力とはならないことにも注意が必要です。

　たとえば、営業職における魅力がインセンティブの大きさであり、頑張れば頑張るほど給与が上がることだったとします。これはたしかに魅力的な要素ではありますが、面接に来た求職者が年功序列型で安定的に給与が上がる仕組みに魅力を感じている場合、これは魅力とは映りません。

　実はその会社には、求職者に強く訴求する別の強い魅力があるのに、そこに気づかず、アピールしないまま、せっかくの人材をみすみす逃がしてしまう。このような魅力・強みのミスマッチは、おもに会社側の準備不足に原因があります。

　相手の視点で考える。これは戦略を立案するうえで基本的なスタンスです。採用活動でこちらの熱意が伝わらない大きな原因は、相手の視点が欠落していることにあります。

　では、どうすれば求職者に「刺さる」魅力をアピールできるのか。自社の魅力をどのような観点でピックアップし、求人原稿等に反映すればよいのか。

　具体的な手法や事例は第4章で述べますので、ここではポイントを絞って要点をお伝えすることにします。

自社の魅力・強みは、フレームワークで洗い出す

　自社の魅力・強みについて、ブレーンストーミング的に洗い出すのも1つの方法ですが、より効果的・効率的に自社の魅力・強みを

|図1－6|採用版４Pフレームの図

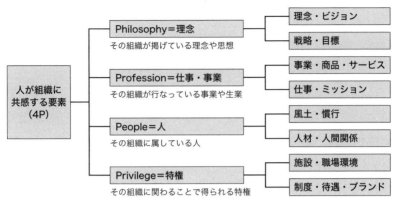

抽出するためには、フレームワークの活用が有効です。

　自社の魅力・強みを洗い出す際に有効なフレームワークの１つが「採用版４P（Philosophy, Profession, People, Privilege）」です。社会心理学では「人が組織に魅力を感じ、参加したいと思う理由は４つに大別される」といわれています。

　それが、「理念＝Philosophy」「仕事・事業＝Profession」「人＝People」「特権＝Privilege」の４つです。

　細分化すると、「理念」とは、自社のビジョンや価値観、戦略・ビジネスモデルなど、「仕事・事業」とは、自社の取り扱う商品・サービスなど、「人」とは社風や人材・風通しの良さなど、「特権」とは職場環境や待遇などとなります。

　この「採用版４Pフレーム」をもとに、自社の魅力・強みを洗い出すことで、「求人原稿や面接を通じて、何を訴求したいのか」「他社との差別化をどのように図っていくのか」について明確化していくことができます。

また、同じ事象であっても人によって見方・捉え方が異なること
を踏まえると、採用版４Ｐフレームで自社の魅力・強みを洗い出す
際は、経営者や総務人事部門だけではなく、現場の社員や若手社員
も交えて多面的な洗い出しを行なうとよいでしょう。

　私も中小企業の採用支援で携わる際は、ワークショップを通じて
魅力・強みの洗い出しを行なうケースが多いですが、部門・階層の
垣根を越えて多くの社員を交えて自社の魅力・強みを洗い出してい
くと、経営者や総務人事部門だけでは出てこなかった現場目線・若
手目線での魅力・強みが多く挙がることにいつも驚かされます。

　つまり、会社には社長や幹部が気づいていない魅力がたくさんあ
るのです。

魅力のすそ野を広げよう

　ある中小企業で、経営者や人事責任者に「自社の魅力・強みとは
何ですか？」とお聞きしたところ、「他社にはマネできない独自の
技術を持っている」「数々の受賞歴がある」「大手との取引も多く、
会社として安定性が高い」など、おもに事業内容に関する魅力・強
みが多く挙がりました。

　しかし、同じ質問でも現場の社員や若手社員からは「社員食堂や
フィットネスルームなど、福利厚生が充実している」「社員旅行や
会社のイベント・行事が多く、社員同士、親睦を深めることができ
る」「上司・先輩社員の面倒見がよく安心して働ける」など、おも
に人や職場環境に関する魅力・強みが数多く挙がりました。

　ワークショップの終盤では、社員が挙げた魅力・強みをポストイ
ットに書き出し、採用版４Ｐの観点で分けて模造紙に貼り付けてい

くのですが、数多く挙がっていた魅力・強みを見て、「改めて考えると、うちの会社ってやっぱりいいところ多いよね」といった声が多く上がりました。

簡単なワークショップでしたが、改めて自社の魅力・強みを理解できる場となったことで、エンゲージメントの向上にもつながりました。

このように、人によって「魅力」と感じる観点やポイントは異なるので、多くの社員を巻き込んで多面的に洗い出しを行なうことで自社の魅力のすそ野が広がり、求職者に訴求すべき自社の魅力・強みも豊富になります。

求人原稿は求職者が知りたい情報を伝えよう

とはいえ求人原稿には文字数という制約があるため、求職者に訴求する魅力が増えたとしても、その魅力をすべて求人原稿に掲載するのは物理的に難しい面があります。

また仮にすべてを求人原稿に盛り込んでも、多すぎる情報は求職者への訴求ポイントを分散させ、結果として印象を薄めてしまいます。そこで肝心なのは、考え方の重心を「求職者に伝えたいこと」から「求職者が知りたいこと」へ移すことです。

そのためには自社の魅力・強みのスクリーニング作業が必要となります。

つまり求人原稿を作成する際は、「求職者はまず求人原稿を通じて何をチェックしているのか」を考え、自社が本当に伝えるべき魅力にフォーカスしなければなりません。

次ページ図1－7はエン・ジャパン㈱が調査した「求職者が求人

|図1－7|求職者が求人原稿でチェックするポイント

No.	チェックポイント	おもなキーワード	No.	チェックポイント	おもなキーワード
①	長く働き続けられるか	• プライベートとの両立 • 福利厚生/教育体制	⑥	残業・休日休暇	• 残業時間/残業代 • 有休消化率/取得日数
②	未経験でもOKか	• 教育体系	⑦	求人情報	• 募集要項の具体性 • 会社の安定/将来性
③	労働条件・福利厚生・待遇が整っているか	• 年間休日数 • 転勤/異動の有無	⑧	仕事内容	• 入社/成長イメージ • 職場/社員の写真
④	年収・給与	• 給与/賞与 • モデル月給/年収	⑨	会社の雰囲気	• 風通しのよさ • 人間関係
⑤	ネットの口コミ	• 口コミの評価 • 退職者の声	⑩	ブラック企業でないか	• 口コミサイト • パワハラ/強制残業がない

※エン・ジャパン㈱　月刊『人事のミカタ』（2017年9月）より作成

原稿でチェックしている10のポイント」をもとにまとめたものです。色々なチェックポイントが挙がっていますが、集約すると、「事業・仕事内容」「給与・待遇」「福利厚生・働き方」「社風・人間関係」の4つに大別できます。

　これらの情報を求職者がチェックして、応募するか否かを決めているとすると、これらの内容を求人原稿として具体的に記載する必要がありますが、先述したとおり、ただ記載するのではなく、いかに他社との差別化を図ることができるか、いかに求職者へ強く印象付けることができるかが重要です。

　求人原稿の書き方についても、第4章で詳細を述べます。

価値観に寄り添うことで
若手社員を定着させ成長させる

　若い人を採用しても定着率が低いのは、若い人の志向や価値観を理解せず、旧来の組織の価値観を押し付けて成長意欲を阻喪させてしまっていることに原因があると序章で指摘しました。

　世代間のギャップを無視した、こうした間違いを改めるには会社全体で古い習慣を変えていくことが必要です。

　ベテラン社員にとってはやや苦痛を伴う改革ですが、人材の定着・育成のみならず、会社が成長発展するために避けては通れない道でもあります。

　では、具体的にどのような施策を打てばよいのか。簡単に見ていきましょう。

　近年、経営者や幹部社員から次のような悩みをお聞きすることが多くなりました。

　「最近の若者は何を考えているかよくわからないんですよ。業務の指示を出しても、わかっていないのに『わかりました』と言って自己流で仕事を進めてミスを起こすし、失敗を恐れて新たな業務にチャレンジしようともしないし……。それに、きつく怒ると最近はすぐに辞めてしまう若者が多いから、昔のように厳しく指導することもできず、フラストレーションが溜まるばかりです」

　このように若手人材の志向や価値観、考え方を理解できず、若手社員の育成に悩みを持つ管理者は多いのではないでしょうか。

　しかし、当然ながら世代によって生まれ育ってきた環境や社会は

大きく異なります。若手人材の志向や価値観を無視して、自身の若手時代の経験や価値観だけで育成しようとすると、コミュニケーションギャップができたり、良好な関係性が築けなかったりと、若手社員に対してよい影響を与えることはできません。

いまの若者が昔に比べ劣っているという勘違い

あるいは、このような悩みをお聞きすることもあります。

「若手社員の定着率を高めようと会社の教育体制や受け入れ体制を整備したけれど、なかなかすぐには若手が育たない。むしろ昔よりも成長スピードが遅くなった気がします」

若手社員を定着・即戦力化させるため、教育研修制度の見直しや教育体制の構築を行なう中小企業も多いですが、残念ながら「昔と比べて若手の成長スピードは遅くなった」と感じる経営者や幹部社員は多いようです。

しかし、以前と比べて本当に若手社員の成長スピードは鈍化しているのでしょうか。またその原因は、以前と比べて若手人材の能力が低下しているからなのでしょうか。

私はそうは思いません。

志向・価値観を踏まえた若手世代に合った効果的な教育が行なえていないことに加え、昔と比べ働く環境や仕事の仕方が変わったことに大きな要因であると考えています。

社員教育そのものも、失われた30年の間に企業の施策としては大きく後退し、自助努力で行なうもの、言い換えれば現場のリーダー個人の勝手に任されるようになりました。

また採用でも就職氷河期には著しく求人が減り、現代の管理者世代には自身も教育を受ける機会が少なかったため、部下を持ったと

き部下をどう教育すればよいかわからず悩んだ人もいたはずです。

　仕事のやり方では、昔の仕事は当然ながらアナログ中心で、比較的多くの人が仕事にからむため、1つひとつの仕事は定型化した業務をこなすものでした。

　こうした業務を覚え成果を上げるためのスキルと、デジタル化し1人ひとりの受け持つ範囲の広い業務で成果を上げることが、同じ時間軸や尺度で測れるとは思えません。

部下の成長を待つのは上司の義務

　「1万時間の法則」というものがあります。その道のエキスパートになるには、1万時間の学習やトレーニングが必要という理論です。

　毎日の労働時間を8時間、年間の平均休日を114日としたとき、約5年働けば1万時間を達成することができます。

　しかし人の成長は、正比例のグラフのように時間とともに着実に伸びるとは限りません。

　順調に成長する人もいれば、4年目までは低空飛行が続き、5年目になって開花し、そこから急速に成長する人もいます。それは人の個性のみならず、仕事の種類によっても起こることかもしれないと考えてもよいのではないでしょうか。

　大器晩成タイプの人は、初期の段階では成長している実感を得にくく、途中で心が折れてしまったり、諦めて退職してしまったりします。

　仕事にも大器晩成型の職種はあります。人の評価は、本人のタイプおよび仕事のタイプによる成長曲線の違いも考慮されるべきと思

います。これは特に、人を育成する側の人に心得ておいてほしいところです。

「3年の壁」を壊そう

　人手不足の中小企業では、どうしても3年で1人前、早いところでは1年で1人前になってもらわないと困る、あるいはそれが当たり前だという風潮があり、3年で芽が出ない若手社員に対して「あいつはできないやつだ」というレッテルを貼る傾向にあります。

　教育心理学に、「ピグマリオン効果」というものがあります。これは、教師に対して「この生徒は成績が伸びる生徒だ」と伝えたうえで教育に当たらせた結果、実際にその生徒の成績が上がった、という現象です。

　反対は「ゴーレム効果」といい、人は他者から期待されないと成績が低下するという現象です。できない社員だと思い込まれてしまうと、その社員には、成長の機会を得られる仕事がなかなか割り振られません。

　できる社員だと思われている人には、「最近伸びている彼、彼女に仕事を任せてみよう」と成長の機会を得られる仕事がたくさん舞い込みます。

　その結果、ビジネス人生は40年以上も続くにもかかわらず、スタートラインに立った段階で大きな差が生まれてしまいます。

　人材育成は「担雪埋井（たんせつまいせい）」だといわれます。
　「担雪埋井」とは、井戸の中に雪を放り込んで埋めてもすぐに溶けてなくなることから、根気よく、繰り返し行なう必要があることを表わしています。

　会社としては、社員が学習１万時間に達するまで諦めずに成長し続けられるように方針を立てることが重要であり、上司や先輩社員にも少し長いスパンでしっかりと教育し続け、フォローするよう意識を変えていく必要があるのです。

　つまり、若手社員の成長のカギは、育たないとボヤいている、ほかならぬ上司の手に握られているのです。

　若手社員を定着させ、成長を加速させるために、上司・先輩社員が押さえるべきポイントについて改めてお伝えします。

上司は若手世代の特徴や志向・価値観を理解する

　若手社員の定着・即戦力化に向け、まず取り組むべきは上司・先輩社員が若手世代の特徴や志向・価値観を正しく理解することです。

　先述のとおり、若手世代の特徴を理解せずに教育をしても、ギャップが広がるばかりで効果的な人材育成は行なえません。

　近年の各種調査データを見ていくと、若手社員が働くうえで重視することは「成長」「貢献」が高い一方、「金銭」「ビジョン」「競争」が低い傾向にあります。

　これは、SDGs（持続可能な開発目標）の広がりやコロナ禍で、いままでの価値観が問い直されている社会環境も影響し、働く目的やゴールを、金銭や社会的な地位を得ることより、自身がどうありたいか、何を成し遂げたいかを重視する若手が増えてきていることを示しています。

　若者にこのような傾向があることを踏まえると、負けず嫌いで金銭的報酬にモチベーションを感じる上司・先輩が、いくら「これだけ頑張ったら給料がたくさんもらえるぞ！」「あいつに負けないよ

うに頑張れ！」と若手社員のモチベーションの喚起を試みても、そうモチベーションが上がらないこともわかります。

　このように、若手社員の価値観を踏まえたコミュニケーションをとらないと、効果的な人材育成とはなりません。

上司のよい習慣が若手社員を成長させる

　中小企業で若手社員の定着率が低い原因は、上司の間違った意識にあると指摘しました。間違った意識で間違った教育を行なえば、若手が育たず、失望感を抱いて職場を去ってしまうのは当然の結果といえます。

　では、どうすれば上司の意識を改革し、行動を改めることができるのでしょうか。まず次の調査結果に注目してください。

　「成長に格差を生じさせる要因とは何なのか」。この疑問に対し、ある中小企業が調査を実施しました。

　その中小企業は全国に営業所があるため、毎年数十名を採用しており、概ね入社５年目くらいで１回目の昇格チャンスが訪れます。その際、当然昇格できると人とそうでない人が出ます。

　では、その差を生む違いは何なのか、と疑問を持った人事担当者が全国の営業所に赴いて、上司・先輩にヒアリングを行ないました。

　程度の差はあれども、ほとんど同じマインド・スキルを持って入社しているのに、なぜ５年間で昇格できる人とできない人に分かれるのか、言い換えれば、なぜ成長スピードに差が生じるのかという問いに対して、ヒアリング調査の結果、ある１つの答えにたどり着きました。その答えは「成長スピードの速い人は、最初についた上司が優秀だった」というものです。

若手社員は、上司・先輩社員の背中を見て育ち、またその社員が
どのような指導を行なうかによって成長スピードが大きく変わって
いきます。

上司は部下にとっての生きた手本であれ

　「上司は部下を選べるが、部下は上司を選べない」「初めての上司
はその人の人生を決定する存在である」等々、上司と部下の関係は
さまざまな言葉で表現されています。

　上司といえども人間ですから間違いはあります。

　では、間違いを正すにはどうすればよいか。この点が上司本人に
とっても、部下にとっても、組織にとっても最も重要になります。

　上記の中小企業では「よい上司」と見られている幹部社員の行動
を標準化し、部下を指導するときの上司の行動指標をつくりました。
よい上司の行動パターンを部下指導の基本動作として、組織全体で
共有したのです。

　行動の標準化と基本動作の設定方法は、第5章、第6章で詳しく
述べますので、ここでは省略しますが、やり方は大きくいえば人材
像や自社の魅力・強みの洗い出しと同じステップで行ないます。

　人間の行動・言動の90％以上は無意識、つまり習慣でできている
といわれていますが、部下は上司の影響を受けながら育つというこ
とを考えると、部下の習慣の多くは上司が創り出したものといえま
す。したがって、若手社員を指導するにあたっては、若手社員へよ
い影響を与えられるような手本を示し続けることが重要です。

　「部下は3日で上司がわかる。上司は3年かかって部下のことが

わかる」という言葉があります。これは人間の本質は口ではなく行動に表われるということです。

　いくら口で立派なことを言っても、それが行動で示されなければ説得力はありません。「挨拶は大きな声でしなさい！」と若手社員には指導しているのに、自分は挨拶しない、または声が小さければ、若手社員は上司の訓示ではなく行動に従います。

　部下は上司が思っている以上に、上司・先輩社員をよく見ています。「この人は口だけ」とか「足りないことがあっても、それを埋めようと努力している人だ」というのは、部下からすべて見透かされています。

　上司は、若手社員を指導する立場としていま一度自身の行動・言動を見つめ直し、「言っていること」と「やっていること」の整合性がとれるよう注意しなければなりません。

若手社員に注目し、気づいた点はすぐにフィードバックを

　若手社員への指導は、大きくいえば「いかに効果的なフィードバックができるか」ということに尽きます。

　フィードバックとは、行動や結果に対して評価することですが、言い換えると、よいことは褒める、悪いことは同じことを繰り返さないように注意する、叱ることです。

　少し余談になりますが、このフィードバックという言葉の語源は、食べ物・栄養という意味の「food」からきているそうです。適切なフィードバックを行なうことで、若手社員にとっての成長の糧とする、これが上司・先輩の大きな役割といえます。

　フィードバックをする際は、以下の５つの観点を押さえて行なっ

てください。

①フィードバックはSBI（S：状況、B：行動、I：影響）で

フィードバックする際に絶対に押さえなければならない点は「事実関係に基づいたフィードバック」、これに尽きると思います。

やってしまいがちなのが、周囲から聞いた簡単な情報や日頃の印象だけでフィードバックしてしまうというケースです。

しかし事実確認ができていない、あるいは不十分な情報でフィードバックしても、当然ながら的を射たフィードバックはできず、若手社員は「上司の機嫌が悪いから叱られた」とか「普段の印象をもとに"決めつけ"で叱られた」という強い不満と不信感を持ちます。

フィードバックする前に、「どのような状況のときに、若手社員がどのように振る舞い、その行動の結果、どのような影響をもたらしたのか」というSBIによる事実確認を行なったうえで、「できる限り具体的に、若手社員の問題点を事実に基づいて指摘するフィードバック」を心がけることが重要です。

②「YOUメッセージ」ではなく、「Iメッセージ」で伝える

相手の心を動かすフィードバックをするためには、伝え方も重要です。伝え方のポイントとしては、上司・先輩社員が感じた主観的な事実を伝えることが第一に挙げられます。

つまり若手社員の行動や立ち振る舞いが、上司や先輩社員にはどのように映っているのかを伝えてあげるのです。

たとえば以下のようなイメージです。

［YOUメッセージ］

章 ▼ 中小企業は「採用・育成」のセットで勝負する

○○さんは仕事が速いね

　↓

［Ｉメッセージ］

○○さんが仕事を早く進めてくれたおかげで、私の仕事もスムーズに済んで助かった！

［YOUメッセージ］

挨拶が元気だね

　↓

［Ｉメッセージ］

○○さんが元気な挨拶をしてくれると、私まで元気になるよ！

③結果の承認よりもプロセスの承認

　誰でも見ればわかる成果は、放っておいても周囲が承認するものですが、大事なのは成果を出すまでの苦労を観察して、承認することです。

　先述したとおり、人間の成長スピードには個人差があります。

　1回聞いたらすぐにできるようになる人もいれば、3回言われて初めてできるようになる人もいるでしょう。すぐにできる人はいいですが、3回言われてできる人には、できるまでのプロセスを承認してあげることが必要です。

　上司・先輩社員はプロセスに注目し、部下のモチベーション向上を図ることを心がけましょう。

④フィードバック後の行動を観察する

　フィードバックは「して終わり」ではなく、フィードバックした

後の行動もきちんと観察することで、その必要十分条件が満たされ
ます。

　指導した内容に対して、ちゃんと取り組んでいるかを観察し、取
り組んでいればそのプロセスを承認することで、部下は「自分のこ
とをちゃんと見てくれている」と認識し、上司との良好な関係を構
築することに積極的になります。

⑤言葉の定義を整える

　言葉というものは、人によってさまざまな解釈があります。その
ため、皆さんが発した言葉と、若手社員が受け取った言葉の定義や
目標レベルをすり合わせておくことが重要です。

　上司・先輩社員が、以上のポイントを押さえたフィードバックを
実践することができれば、フィードバックを通じた教育へとつなが
り、若手社員を定着させ、成長を加速させることとなります。

方針があいまいなままでは
若手社員の成長を阻害する

　私は新入・若手社員に対して教育研修を行なうことがあるため、若手社員とも話す機会が数多くあります。ある中小企業で若手社員研修を行なっていると、受講者からこんな相談を受けました。

　「大園さん、聞いてくださいよ。うちの会社の上司・先輩は、人によって言っていることがまったく違うんです。ある人に言われた手順に従って業務を進めていたら、別の上司・先輩に『そのやり方は違う！』と叱られたこともあります」

　このように上司・先輩社員自身はその指導が正しいと思っていても、他の上司・先輩社員と仕事の優先順位や手順・ルールなどが異なると、上司・先輩に教えを乞いながら業務を遂行する必要がある若手社員にとっては、ひどく迷惑で混乱する話です。

　若手社員の教育を現場に任せて放任してしまうことも、序章で指摘した中小企業にありがちな、若手の定着を阻害する深刻な要因の1つだと思います。

現場任せによる弊害

　このような現場任せの教育を進めると、他にも以下のようなデメリットを生じます。

①知識やスキルが偏る

　現場任せの教育では、その業務を担当している現場の上司や先輩社員が教育を担当することが多いはずです。そのため、その上司や

先輩社員が持っている知識やスキルに偏りがある場合、必要なスキルや知識を網羅的に習得することができないことがあります。

②教育の質が均一でない

　現場任せの教育は、各現場で行なわれるため、その現場の状況によって教育の内容や方法が均一となりません。そのため教育の質にバラつきが生じる可能性があります。

③若手社員の意欲低下や退職リスクが増加する

　現場に教育を任せると、上司や先輩社員が自身の業務と若手社員の教育を両立しなければならないため、教育に充てる時間が不足することがあります。

　そのため、若手社員は期待されていないのではないかと不安を感じます。また、教育不足で業務を理解できなければ、成果も芳しいものになりませんので、意欲は低下し退職リスクが増加する可能性があります。

④標準化された教育が行なえない

　現場任せの教育では、標準化された教育が行なえないことがあります。そのため企業全体で均しく知識やスキルを身に付けることができず、全体最適な業務プロセスを確立することができない場合があります。

⑤過去の慣習に固執する

　現場任せの教育では、上司や先輩社員が業務プロセスや慣習を教えることが多くなります。そのため過去の慣習に固執し、新しいア

イデアや改善点を取り入れることができない場合があります。

　以上のデメリットを防ぐためにも、現場任せの教育は止めるべき
ですが、その時に必要なのが「若手社員向けの教育計画」です。教
育計画とは、「若手社員に求めたいレベル（ゴール）」をもとに、そ
れを実現するために「いつ・誰が・何を・どのような手段で教育を
行なうか」を見える化したものです。教育計画の具体的な策定手順
や事例については、第3章にて述べますので、ここでは教育計画を
策定するメリットと策定時のポイントをお伝えすることにします。

若手社員向けの教育計画を策定するメリット

　では、教育計画を策定するメリットは、どんなことが期待できる
でしょうか。メリットとしては以下が挙げられます。

①若手社員の定着率が向上する
　教育計画を立てることで、若手社員にとって必要な知識やスキル
を習得させることができます。これにより、若手社員が仕事に適応
しやすくなり、定着率が向上するとともに、生産性も向上する可能
性があります。

②全社員のスキルアップを図ることができる
　また、若手社員に対する研修やトレーニングを行なうことで、企
業内でのノウハウやベストプラクティスを共有し、全社員がスキル
アップすることができます。

③教育費用の削減につながる

教育プログラムを効率化させることができるため、若手社員の育成にかかる教育費用を削減することができます。

④モチベーションの向上が期待できる

若手社員にとっての目標や役割が明確になることで、若手社員のモチベーション向上が期待できます。

⑤企業リスクが軽減できる

若手社員の教育プログラムを計画に落とし込むことで、若手社員の教育漏れや不備を防ぎ、企業リスクを軽減することができます。

以上のように、若手社員向けの教育計画を立てることは、企業にとって非常に重要なことであり、生産性や効率性の向上につながるとともに、若手社員の定着率を高めることができます。

教育計画策定時のポイント

若手社員の定着・即戦力化につながる教育計画は、以下のポイントを押さえて策定します。

①教育計画におけるゴールを設定する

上司・先輩社員の間で「〇年後には、これくらいできて当たり前」という「あるべき姿」が人によって異なるようでは、計画的な教育はできません。

そのため「教育を通じて、若手社員をどのようなレベルに到達させたいか（Why/Goal）」について、各部門の上司・先輩社員同士

ですり合わせを行なうことが重要です。また、若手社員の到達レベルを検討する際は、以下のような「マインド」「ポータブルスキル」「テクニカルスキル」の３区分でそれぞれの到達レベルを具体化します。

定義を整理しますと、「マインド」とは、自社で働くうえで必要な心構え・価値観・考え方のことです。「ポータブルスキル」とは、ビジネス・パーソンとしてのベースとなる能力もしくは業種や職種を問わず、どこにでも“持ち運んでいける”考え方や技術のこと。「テクニカルスキル」とは担当業務を遂行するうえで必要な知識・スキル・技術のことです。

上記の観点をもとに、「若手社員の教育後の到達レベル〈Why/Goal〉」を具体化することで「そのレベルに到達するために習得すべきスキル・知識・マインド〈What〉」や「そのスキル・知識・マインドを習得させるために必要な教育内容・手段〈How〉」を検討しやすくなり、無駄のない効果的な教育プログラムを策定することができます。

②習得すべきスキル・マインドを洗い出す

若手社員が一人前になるために必要な要素も、上司・先輩社員によって捉え方や考え方が異なるようでは困ります。

「自分はこういうことを学び、経験したから成長できた。だから、若手社員にも自分と同じような学びや経験を与えよう」と自身をモデルとして教育を行なっている方も多いのではないでしょうか。

しかし若手社員にも個性があり、成長スピードや成長の仕方は人それぞれなので、これは効果的な教育とはいえません。そのため若手社員が習得すべきスキル・マインドの標準モデルをつくります。

これがスキル・マインドを洗い出す際の、会社が社員に求める要件の基準となります。

具体的には、人事制度（等級基準・評価基準など）と連動させて若手社員が習得すべきスキル・知識・マインドを洗い出します。このように人事制度と若手社員の教育を連動させることで、「若手社員の成長促進→評価アップ→昇進・昇格」という好サイクルを生み出し、若手社員のモチベーションを高めることができます。

③教育すべき内容や方法を選定する

上司・先輩社員による教育のバラつきを防止するためには、若手社員が習得すべきスキル・マインドをもとに、教育すべき内容や方法についても、上司や先輩社員ですり合わせを行なうことが重要です。

各上司・先輩社員が育ってきた体験をもとに、今日の社会環境や若者の志向・価値観を踏まえ、どのような教育内容・手段が最も効果的な教育となるかを議論し、若手社員が習得すべきスキル・知識・マインドの1つひとつに対する教育内容や方法を検討します。

全体で討議することで、各人の持つ教育ノウハウを全社的な教育手法として昇華し、体系化させることができ、教育レベルの底上げを図ることができます。

採用・定着に役立つ教育計画の力

以上のようなポイントを押さえて教育計画を策定すると、企業としては「効果的な若手社員育成を通じて、会社が求める能力を早期に習得させ、即戦力化できる」、若手社員は「体系的な教育を受け

ることで成長実感を持ちやすく、また会社が求める能力を早期に習得することで、自身の評価が上がり、結果として処遇もアップする」と双方がメリットを享受することができます。

　また、若手社員育成計画を採用説明会や面接で説明することにより、求職者にとっても入社後の成長イメージが具体化しますし、人材育成に力を入れているという自社の魅力のアピールにもなります。

　教育計画は、採用力を強化するツールとして活用することもできるのです。

　とはいえ、現場任せの教育が慣習となっている中小企業の場合、上記のような若手社員向けの教育計画を策定しても、「絵に描いた餅」になってしまうケースが少なくありません。

　なぜなら上司・先輩社員にとっては、自身の都合で教えやすい方法・手段で教育するほうが楽に感じられるからです。そのため教育計画策定後の運用力を高めるために、以下のように補足的な取り組みを併設することが重要となります。

①教育計画を若手社員も共有する

　教育計画は、上司・先輩社員だけが把握しておけばよいというものではありません。教育を受ける側である若手社員もしっかりと共有し、「自分はいまからどのような教育を受けるのか」「それは何のために受けるのか」「○年後にはどのようなスキル・マインドを身に付けておかなければならないのか」を理解してもらいます。

　こうして、上司と部下が二人三脚で教育計画を実行することで運用力が強化されます。

②職場の社員全体で教育計画を共有する

　教育する側の上司・先輩社員と教育される若手だけでなく、その
ほかの職場社員にも教育計画を共有することで、会社全体で若手社
員を育成する意識を醸成します。全社に教育計画を共有することで、
「上司・先輩社員によって言っていることが違う」という若手社員
からよく聞く不満も防ぐことができます。

③手帳やデスクに貼っておき定期的に見返す習慣をつくる

　人間は忘れる動物です。教育計画でも立ててしばらくは高い意識
を持って取り組みますが、日常業務を遂行するなかで、その意識は
徐々に薄れていきます。

　そのため手帳やデスクなど、視覚に入りやすい場所に教育計画を
貼っておくことや、毎朝10分は教育計画を見て進捗を確認すること
をルーティンにするなど、教育計画の習慣化が重要です。

④定期面談を通じて、若手社員の成長度合いや教育計画の効果を
チェックする

　教育計画が、効果的な育成につながっているかをチェックするこ
とも運用面においては重要です。

　上司・先輩社員は若手社員との定期面談を通じて、それまでに取
り組んだことや学んだことを若手社員とともに振り返り、成長度合
いの相互理解を深め、若手社員の意見から、あまり効果のなかった
施策の原因を突き止め改善することで、教育計画の質を高めること
ができます。

　本章では、序章で述べた中小企業の典型的な間違いに対する解決

策を簡単にご紹介してきました。

　「人材採用」と「定着・育成」は「入社前の施策」と「入社後の施策」という違いがあるせいか、別々に検討される中小企業が多いですが、これは間違いです。

　「人材採用」と「定着・育成」は本来１セットで考えるべきです。

　それは「人材採用」や「定着・育成」を行なう目的が、「会社を成長させるための人材を増やすため」という点で同じだからです。

　人材採用は「会社を成長させるためには、こういうスキル・マインドを持った人材が欲しい」というニーズがあって動き出します。

　「定着・育成」が大事なのも、「会社を成長させるためには、若手社員を優秀な人材へと育てる必要がある」「その優秀な人材を流出させないためにも、定着率を高めたい」というニーズがあるからこそです。このニーズに応えるために教育に取り組むのです。

　以上を踏まえると、「人材採用」「定着・育成」のそれぞれを単体の施策として捉えるのではなく、「採用・定着・育成」という１セットで捉えることが重要です。

　「採用・定着・育成」を１セットと捉えてそれぞれＰＤＣＡを回すことで、会社の継続的な成長・発展に貢献できる人材を輩出することができ、会社に活力を生み出すことができます。

第 2 章

自社の「求める人材像」を
つかんでいるか

採用・定着を成功させるための第1歩は、自社が「求める人材像」明確にすることです。それは「どういう会社になっていきたいか」を明確にすることでもあります。本章では成功した2社の実例をもとに、その具体的な手順とポイントを解説していきます。

「求める人材像」の具体化で採用成功へと導く（Ｅ社）

　「求める人材像」の実際の効果を理解していただくために、まず私が支援した２社の成功事例から紹介しましょう。

　最初は「求める人材像」を具体化したことによって、自社ＰＲ力を一段階向上させた中小企業Ｅ社の事例です。

　社員60名の建設会社であるＥ社では、平均年齢が49.8歳と組織の高齢化が進んでいることから、組織の若返りと技術伝承を目的に若年層の採用を行なっていました。

　新卒採用は労力・コストともに負担が大きいことから、まずは中途採用（20代〜30代）に主眼を置き、採用力の強化を図ることとなったのです。

　同社には毎年「若年層からの応募が少ない」という大きな問題があり、その原因が採用説明会や面接などのイベントや採用サイトで、求職者に自社の魅力や風土が伝えられていないことにあると考えられました。

　そこで、まず自社の魅力や風土が「誰に伝わればよいのか」から考え、伝えるべき魅力と風土の絞り込みを行ないました。ここでいう「誰」とは「採用すべき人材」であり、この人材像を具体化することがすべてのスタートでした。

　こうして「求める人材像」の策定に着手したのです。

　同社の「求める人材像」の策定支援は、以下の手順で進めました。

手順①ヒアリングで「求める人材の要件」を収集

　同社の経営者や部門長に対する個別ヒアリングを通じて、求める人材像策定に必要な「求める人材の要件」を収集しました。

　同社は経営理念・ビジョンが明確に言語化されており、かつ社員にも浸透していました。

　また、建設業という業種柄、スキルを構成する「知識」「経験」に求められる要件は、経営者・部門長内である程度の共通認識ができていたため、「能力」とマインドの具体化をおもな目的として、下記「ヒアリングシート（後述）」をもとに、さまざまな観点からのヒアリングを実行しました。

E社の経営者・部門長へのヒアリングシート（一部抜粋）

①会社で活躍している社員の特徴とは？（考え方・価値観）
▶業務や顧客に対して正面から取り組んでいる
✓顧客の要望をかなえるため、あらゆる手段を自ら考え、行動できる
▶他責にすることなく、精神的にぶれずに最後までやり遂げることができる
✓期日を厳守し、長い工事期間の間にも集中力を切らさずに最後まで完遂できる
▶自分の力だけでなく、周囲をうまく巻き込んで力を発揮できる
✓難しい案件でも、最後まで逃げずに乗り越えようとする力
▶衣食住の「住」に携われることに喜びを感じ、仕事を誇りに思っている（建設やモノづくりが好き）
▶顧客のために、自分で考え・行動し、困難を乗り越えることができる
▶自己成長のための努力を惜しまず、何事にも失敗を恐れずチャレンジしている
✓自分なりの目標があり、強い意志と使命感・覚悟を持っている
▶チームワーク、リーダーシップがある
▶顧客に好かれ、大切にされている

②会社で活躍していない社員の特徴とは？（考え方・価値観）
▶常に受け身で指示待ちになっている
▶大局観、現場を俯瞰できる力がない
▶柔軟性がなく、臨機応変な行動ができない
▶求心力がない
✓総じて顧客志向が低く、自分で考えようとしない。 独りよがりな行動が目立つ
▶コミュニケーション能力が低い（必要な報連相ができていない）
▶自己管理ができていない （時間にルーズでレスポンスが遅い。働き方にムラがある）
▶責任感が低く、他責思考が強い
③面接時に必ず聞いていること（見極め要素）とは？
▶わが社で何をしたいのか？
▶人生における目標は？（どんな人生を歩みたいのか？ 何を実現したいのか？）
✓自信を持って自分の考え・想いを表現できる人材は合格
▶身だしなみや容姿（健康面）
④求職者に求めたい要件は？
▶建設に興味がある。自分なりの明確な人生目標がある
▶2級建築施工管理技士、2級管工事施工管理技士を保有している
▶工事の監督経験がある
⑤わが社の社員として大事にしてほしいことは？
▶高いプロ意識とプライド。専門性（施工管理）
▶顧客や周囲への感謝の心

手順②「スキル」「マインド」「その他」に要件を整理

　必要な要件を収集した後は、それを「スキル」「マインド」「その他（求職者の属性・勤務条件）」に区分・整理を行ないました。

　ヒアリングの際は個別に行ないましたが、各人が発した言葉の定義についてすり合わせを行なうため、ここからは経営者と部門長が

一堂に会してワークショップ形式で検討しました。

　ヒアリングシートで整理した要件について、その理由や背景について各自より情報共有や補足説明を行なってもらいました。そして「スキル」「マインド」「その他」で仕切った模造紙と各自の回答のキーワードを書いたポストイットを用意し、収集した要件を下記の表のように区分・整理しました。

　こうすることで、お互いの意見や想いについて相互理解を深めながら「求める人材像」策定のための下地づくりができました。

「スキル」「マインド」「その他」をキーワードで整理・区分

要件		水谷社長	梅津部長	松井部長
スキル	能力	逆境力 行動力 伝達力	逆境力 行動力 伝達力	逆境力
	知識	建築施工管理技士 （1～2級）	―	宅建
	経験	工事の監督経験者	マネジメント経験	建設業界での勤務経験
マインド	社風適合	自己成長意欲 顧客志向 プロ意識 自責志向 達成志向	自己成長意欲 顧客志向 「住」に携わる喜び・誇り	自責志向 責任感 チャレンジ精神
その他	属性	20代～30代 人生目標がある 健康状態が良好	建設業務 モノづくりが好き 健康状態が良好	20代～30代 人生目標がある 健康状態が良好
	勤務条件	―	―	―

手順③整理した要件を「Must」「Want」「Negative」で再整理

　次にスキル・マインド・その他で整理・区分した要件を「Must要件」「Want要件」「Negative要件」で再整理・区分しました。

　このときは、縦軸にスキル・マインド・その他、横軸に「Must要件」「Want要件」「Negative要件」のマトリックス表を描いた模造紙とポストイットを用意しました。

　求める人材の要件が書かれたポストイットを、各自「Must要件」「Want要件」「Negative要件」へそれぞれ振り分け貼ってもらいました。また、その理由を共有してもらうために、振り分けた意図や背景についても並記し相互理解を促しました。

　全員の振り分けが終了した段階で、全体討論に移り、最終的には、全員の総意として、〈スキル・マインド・その他〉×〈Must要件・Want要件・Negative要件〉のマトリックス表を完成させました。

　この一連の流れを通じて、経営者・部門長双方の「求める人材像」に対する納得感を高めることができました。

手順④スキル・マインドに関する「Must要件」を具体化

　採用段階の人材像では、後述するようにMust要件を優先させます。E社でも最後に、全員の総意としてまとめたスキル・マインドに関する「Must要件」の具体化を行ないました。

　この点については、一般的に自社ならではの定義が必要なため、言語化に時間を要しますが、ここまでの検討を通じて深い相互理解が進んでいた同社では、時間を要することなく着地点が見えました。

　E社の場合、スキルにおけるMust要件を「行動力・実行力がある」「『住』に携わる喜び・誇りがある」と設定し、マインドにおけ

るMust要件を「自己成長意欲が高い」「チャレンジ精神がある」と
設定しました。そして最終的には以下のように「求める人材像」を
策定しました。

〈E社の求める人材像〉
◎行動力・実行力
　お客様の「夢」を叶えるために、自ら創造力を発揮して建物に新
たな付加価値を生み出せる（目標達成に向けて自ら考え・行動でき
る）
◎「住」に携わる喜び・誇り
　建築を通じて「住（人間の根幹）」に携わる喜びと、自らの技術
でお客様の「夢」をカタチにできることに誇り・プライドを持って
いる
◎自己成長意欲・チャレンジ精神
　自己実現に向かって未来へ力強く挑戦し続ける覚悟がある

採用活動で力を発揮した「求める人材像」

　上記の手順で「求める人材像」を策定したE社では、この人材像
を以下のように採用活動で効果的に使いました。

①求職者に訴求すべき自社の魅力・強みの策定
　E社が求職者からの応募が少なかったおもな原因は「求職者に自
社の魅力や風土が伝わっていないこと」であると考えられました。
そのため、「求める人材像」をもとに、求職者に向かって伝えるべ
き自社の魅力・強みを検討しました。
　相手の人物像がわかったことで、彼らに伝えるべき魅力や強みも

絞り込まれました。いままで漠然としていた自社の魅力・強みに「このような人材に刺さる魅力・強みとは何か？」という観点が加わったことで、よりエッジの効いた魅力・強みを策定することができました。

②採用説明会や求人原稿、採用サイトでのPR力強化

エッジを効かせた魅力・強みをもとに採用説明会や求人原稿、採用サイト等をブラッシュアップさせました。

「求める人材像の獲得」という明確な目標と、その人材を興味喚起できるエッジの効いた魅力・強みが策定できたことで、いままで何気なく使っていた採用説明会の資料や長年流用で済ませていた求人原稿、採用サイトも、効率的・効果的なものに内容を刷新。その結果、選考母集団（応募者）を大きく増やすことに成功しました。

③面接における見極め基準の策定

「求める人材像」は募集段階だけでなく、面接時の見極め基準にも活用しました。具体的には、「求める人材像」をもとに、その人材に近いかどうかを判定するための合否基準づくりや面接時の質問項目の作成を行なうと同時に、面接官への勉強会を通じて、面接官の見極め力の強化にもつなげました。

また、面接官の勉強会では、「求める人材像」が策定された背景や理由等を説明することで、「求める人材像」における定義のすり合わせを行ない、面接官の違いによる合否基準のズレや採用ミスマッチの防止に成功しました。

「求める人材像」の検討段階で「Negative要件」を明らかにしていたことも、合否基準の明確化に貢献しています。

具体化した「求める人材像」を理念共感型の採用に活用（F社）

　事例の２つめは、経営理念をもとに具体化した「求める人材像」を、理念共感型の採用活動に活用した中小企業F社です。

　全国に営業所がある専門商社であるF社（社員約30名）では、地方の中小企業ということもあり、さまざまな媒体で募集しても応募がないという状況が長年続いていました。

　老舗企業として長年にわたり地域に愛されてきた同社は、人材採用でも経営理念への共感を何より重要視していましたが、採用活動ではそれがあまり伝わらず、求人募集を見ただけでは「よくある地方の中小企業」という印象を与えてしまっていました。

　そこで、F社では中途採用（20代〜30代）に主眼を置き、理念共感型の採用活動を推進すべく、「経営理念をもとにした求める人材像の具体化」に着手しました。

　同社で行なった「求める人材像」の策定は、前述のE社と同じ手順で進めました。

手順①ヒアリングで「求める人材の要件」を収集

　同社の経営者や部門長に対する個別ヒアリングで、求められる人材の要件を収集。同社の場合は、経営理念への共感を最重要視していたため、経営理念やビジョンをもとにしたマインドの具体化を主な目的として、まず経営者からヒアリングを行ないました。

　部門長に対しては、E社と同じくスキルのうち「能力」の具体化を主目的にヒアリングを行ないました。

F社経営者へのヒアリングシート（一部抜粋）

①わが社が大切にしてきた価値観・考え方は？

▶人生目標を持つ

✓自分の将来の到達地点に向けて、やるべきことを積み重ねていく

✓振り返ったときに「幸福だった」と実感できるような生き方をする

→上記は、創業以来、長年社員へ伝えてきた（将来設計）

▶顧客志向を持つ

✓顧客のために、一生懸命に仕事をする（営業活動・自己研鑽）

✓顧客視点を持ち、自分で考え・行動できる（顧客が気持ちよく仕事ができるような仕事をする）

✓顧客のために足で稼ぐことで、「わが社に頼めば何とかなる」と思ってもらえる存在であり続ける

②今後のビジョンとして、どのような会社・組織を目指しているか？

✓会社というプラットフォームを通じて、社員各自が人生目標を実現できている

✓「入社してよかった」「幸福だ」と感じてもらえる会社にしたい

✓わが社を通じて成長し、自分なりの幸せな人生を歩んでほしい

例）社員旅行で海外旅行に行けた
県外に出て結婚相手が見つかった
顧客と公私ともに仲良くなり趣味が増えた
経営理念を実践することで人生が豊かになった　など

✓部門間・営業所間での連携が密に行なわれている

✓いままでは個人商店的な面があったが、今後は個人戦から団体戦に切り替えたい。１人が専任で担当するのではなく、複数の人間がつながりを持って対応できる組織体制へ
（顧客が地方へ行けば、近くの営業が担当する⇒複数で顧客を担当することで安心感を持ってもらう⇒自社のファンになってもらう）

▶社員の成長意欲を促進できている

✓チャレンジャーを優遇したい。仕事のある所へ自ら赴き、商売する
⇒自分の給料を上げたい。顧客に呼ばれているので自分も動く（日本中で活躍したい）などの社員のチャレンジを応援できる会社にしたい

F社部門長へのヒアリングシート（一部抜粋）

①会社で活躍している社員の特徴とは？（考え方・価値観）

▶顧客志向がある

　✓顧客視点を持ち、一生懸命に仕事をして顧客の懐に入り込んでいる

▶関係構築力が高い

　✓顧客に可愛がられる、好かれている（関係性を築き、信頼関係を構築できている）

　※関係構築には以下の要素が必要

　⑴依頼されたことは必ずやりとげる

　⑵気配り（周囲の状況を見ながらTPOを踏まえたコミュニケーション）

　⑶相手の話をしっかり聞く・理解する

▶営業力・交渉力がある

　✓商品知識があり、商談の押し引きがうまい（商品の利益性や効果性を考えて商品を販売できる）

　✓儲ける楽しみ、商売の楽しさを知っている

　✓人と話すのが好き。自分の考えや意見をはっきり伝えることができる

▶達成志向・主体性

　✓リスクを恐れず、自らチャンスをつかむ力・チャレンジ精神がある（現場に恵まれている）

　✓能動的に仕事に向き合える

　✓負けず嫌いで最後まで諦めずにやり抜く

　✓責任感、数字へのこだわりが強い（達成志向が強い）

▶その他

　✓周囲や上司に対して素直である

　✓1回失敗すればそこから学び、必ず次に活かしている

②会社で活躍していない社員の特徴とは？（考え方・価値観）

▶数字への意識が低い、達成志向がない

　✓日頃から会社の数字を意識できていない

　✓目標達成志向（月次数字の達成）が低い

▶向上心がない・受け身・指示待ち

　✓チャレンジ精神がない（転勤に対して消極的）

　✓仕事に対して消極的で指示待ち。言われたこと以外はしない

　✓新規開拓など、責任の大きい仕事を避ける

▶協調性・周りを巻き込む力がない

▶ネガティブ志向

▶自分なりの夢や目標・働く目的がない

③いままでの若手社員における退職理由は？

▶給与面

　✓給与のアップダウン（赴任手当の有無でのギャップ）

　✓就業規則がコロコロ変わり、給与も待遇も安定しない

▶社内の人間関係面

　✓部下へのフォローが足りない

　✓数字に対して厳しく言われるため不満が募る

▶異動面

　✓単身赴任による重圧、1〜2年ほどで勤務地が変わるため、自分の居場所がないように感じるなど、将来展望が見えない

④「一緒に働きたい」「育てたい」と思う人材の特徴は？

▶ポジティブ思考、前向き

　✓素直で言い訳をせず、チャレンジ精神が旺盛

▶協調性がある

　✓周囲に気遣いができる

　✓会社組織（方針やルールなど）が理解でき、遵守できる

▶自己成長意欲、達成志向がある

　✓学ぶ姿勢があり勉強熱心。高い成長意欲（向上意欲）がある

　✓がむしゃらで一生懸命な人材

　✓目標に向かって諦めずに努力できる（「稼ぎたい」気持ちが強い）

▶傾聴力・思考力がある

　✓人の話を最後まで聞いて自ら思考できる

▶最低限のビジネスマナーを有している

  ✓身なりを清潔に心掛けられる

  ✓報連相ができる

⑤面接時に必ず聞いていることや見極めの際の観点は？（採用可否の判断基準は？）

▶自身の将来展望

  ✓自分の将来を考えているか。わが社で何をしたいか

▶風土や価値観への共感

  ✓わが社の理念や価値観・考え方に共感しているか

▶見た目・姿勢・コミュニケーション

  ✓目を見て、自分の考えをハッキリと話せるか

▶素養・考え方

  ✓負けず嫌いな性格か

  ✓素直かどうか（とりあえずやってみる／行動力がある）

  ✓筋が通った転職の仕方をしているか（前職でも働く目的や意義を明確に持っていたか）

手順② 「スキル」「マインド」「その他」に要件を整理

　「求める人材像」策定のために必要な要件を収集した後は、それをスキル・マインド・その他に区分・整理。この点もE社と同じです。

　F社の場合、大切にしている価値観は同じであるものの、拠点が全国にあったことで、求める人材像が当初拠点によって少し認識の異なる点がありました。

　そのため経営者・部門長が一堂に会し、模造紙とポストイットで行なった作業を通じて、お互いの意見や想いについて相互理解を深められたことは、求める人材像の策定とその後の運用で大きなメリットとなりました。

F社の「スキル」「マインド」「その他」の整理・区分イメージ

要件		小沢社長	高木部長	河野部長
スキル	能力	傾聴力 発信力	実行力	発信力 実行力
	知識	○○に関する商品知識	―	○○事業に関する知識
	経験	営業職の経験 （3年以上）	社会人経験 （3年以上）	○○業界での勤務経験
マインド	社風適合	人生目標 目的志向 経営理念への共感	目標達成志向 誠実さ 相手志向 自己成長意欲	主体性 当事者意識 挑戦心
その他	属性	20代〜30代	20代〜30代	20代〜30代
	勤務条件	全国転勤可	全国転勤可	全国転勤可

手順③整理した要件を「Must」「Want」「Negative」で再整理

　次に、スキル・マインド・その他で整理・区分した要件を「Must要件」「Want要件」「Negative要件」で再整理・区分しました。このときも模造紙とポストイットを用意して実施しましたが、求める人材像と同じく、「わが社の社員たるものは、こうあるべきだ」「この要件は、このレベルまで求めるべきだ」といった意見が多く挙がり、ワークショップの前半は意見のすれ違いが見られました。

　しかし、求める人材の要件を「Must要件」「Want要件」「Negative要件」へそれぞれ振り分け、その理由を共有してもらったことで、各要件の定義のすり合わせができ、結果としては捉え方が違うだけで、全メンバーが大切にしていること、求職者に求めたいことに、大きな相違がないことが改めてわかりました。

F社の「スキル」「マインド」「その他」の再整理

要件		Must	Want	Negative
スキル	能力	■行動力	■発信力	■受け身、指示待ち ■自分本位、独りよがり ■自分の考え、意見がない
	知識	―	■機械工具に興味あり	―
	経験	■社会人経験あり（ビジネスマナーができる）	■営業職の経験あり ■営業、商売の楽しみ・やりがいを知っている	■社会人経験がない（ビジネスマナーができない）
マインド	社風適合	■自己成長意欲 ■相手志向 ■自社の理念、価値観への共感	■人生目標・目的の設定 ■目標達成志向	■失敗、リスクを恐れて新たなチャレンジをしていない ■困難から逃げる、すぐ諦める
その他	属性 勤務条件	■全国転勤が可能	■20代〜30代前半	■特定地域での勤務を希望 ■40代以上

　このように、単なる言葉遊びではなく、その意図や背景について相互理解を促すことで、経営者・部門長双方の「求める人材像」に対する納得感を高めることができました。

手順④スキル・マインドに関する「Must要件」を具体化

　最後に、全員の総意としてまとめたスキル・マインドに関するMust要件の具体化を行ないました（なぜMust要件かは後述）。

　F社の場合、スキルにおけるMust要件を「行動力がある」と設定し、マインドにおけるMust要件を「挑戦心・自己成長意欲がある」「誠実さ／相手志向がある」と設定しました。

　そして最終的には、以下のように「求める人材像」を策定しました。

〈F社の求める人材像〉

◎行動力がある

　自らの夢や目標のため、周囲の役に立つためであれば、困難なことがあっても、自ら考えたことを即行動に移すことができる

◎挑戦心・成長意欲がある

　自らの夢や目標を実現するための努力を惜しまず、またリスクを顧みずに常に新たなことにチャレンジし続ける勇気と覚悟がある

◎誠実さと相手志向がある

　相手（顧客や社員）の立場に立って考え・行動し、周囲の役に立つことに喜びを感じることができる

　以上の手順で「求める人材像」を策定した同社は、「求める人材像」を以下のように活用しました。

①「求める人材像」を切り口に、自社の経営理念に込められた想いを採用活動で訴求

　まず、同社が大切にしている経営理念を求職者にしっかりと理解・共感してもらえるように、採用説明会のやり方・進め方を見直しました。

　具体的には、「求める人材像」を切り口として、そのような人材を求める背景・理由を経営理念と関連させながら説明したのです。

　F社では、若手人材を対象とした合同説明会に参加し、自社の事業や仕事内容について説明を行なっていましたが、その際に使用する資料を経営理念と「求める人材像」について理解が深まるようにブラッシュアップさせました。

　このようにして、「経営理念を実現するためにこのような人材が

「求める人材像」をもとにした面接時の質問項目

□行動力を確認するための質問

- 何かを行動に移すとき、後先をよく考えてから行動するか？ まずは行動して「走りながら考える」か？ また、なぜそのように考えるのか？（具体的な経験談、事例など）

- あなたはどのような状況・環境であれば、行動力を発揮しやすいか？（モチベーションが高まるか？）。また、それはなぜか？

  例）ミッションを与えられる仕事（やり方は自分次第）
  　　上司から指示された仕事（やり方は上司の指示に従う）

- あなたにとって「行動力がある人」とは？ また、行動力を高めるために必要なこととは？（初動の早さを意識する等）

□自己成長意欲を確認するための質問

- 人生における夢や目標（野望）は？ どんな人生を歩みたいか（仕事面・プライベート面）

- いままで行なったなかで、最も大きなチャレンジは？ なぜそれにチャレンジしたのか？ チャレンジしたことで得た学びや経験は？

- そのチャレンジは、仕事でどのように活きているのか？

- 弊社が求めるチャレンジの１つとして、１人で営業所を持ち、拠点開拓をしてもらうことが挙げられるが、それについてどう思うか？

- 役職者として赴任してもらうため、裁量権が大きく、非常にやりがいの大きいミッションである一方、自分で営業から見積り、商材の発注・発送などの業務をすべて行なうこと、数字が安定するために時間がかかることなど、大変なことも多いが、それらも踏まえて「チャレンジしたい！」という意向はあるか？

□誠実さ／相手志向を確認するための質問

- あなたにとって、「相手志向」「顧客志向」とは？（定義や考え方など）

- 自分が何かしたことによって、周囲に感謝されたこと、喜ばれた経験で、最も印象に残っていることは？

- そのときは、なぜ周囲の役に立とうと考えたのか？ またその経験から得た学びや気づきは？

- その経験は、仕事でどのように活きているのか？

必要である！」というメッセージ性が強まりました。その結果、一定の求職者から経営理念の背景や込められた想いへの理解・共感を得ることができました。

このアピールの改善によって理念に深く共感した第2新卒や20代の若手人材を数名採用することができ、理念共感型の採用活動に成功することができたのです。

②面接における見極め基準の策定

「求める人材像」は面接時の見極め基準にも活用しました。

F社の場合、各拠点での現地採用だったこともあり、面接時の見極め基準や質問については、各拠点長に一任していましたが、「求める人材像」の策定を機に、前ページに記載したような共通の質問項目を作成しました。

共通の質問項目を伝えるとともに「求める人材像」が策定された背景や理由等を説明することで、「求める人材像」における定義のすり合わせを行ない、面接官の違いによる合否基準のズレや採用ミスマッチの防止に成功しました。

自社の「求める人材像」を 策定する手順

　事例で見たとおり、採用媒体の選定や求人原稿の作成、面接時の合否基準などの採用活動〈How〉は、「求める人材像」〈Why〉をもとに意思決定すべきです。

　「求める人材像」〈Why〉があってはじめて、どんな採用活動をして効率的・効果的に人材を採用するのかという〈How〉を導き出すことができるということについては、ここまで何度も述べました。

　中小企業では、採用にかけられる人員・コストに制約があります。大企業のように不特定多数にPRを行ない、大規模な選考を実施することは現実的に困難です。

　そのため募集の際にも、求める人材像をできる限り具体的に伝え、それにマッチする人材を効率的に集めることが重要となります。

　自社の「求める人材像」を策定する際の切り口としては、年齢や職種・地域・学歴・給与・勤務地といった「定量分類」とスキルや経験、マインドといった「定性分類」の2つの切り口があります。

「求める人材像」のオーソドックスな策定ステップ

　まず2社の事例をご紹介しましたが、ここからは、自社の「求める人材像」の基本的な策定手順や具体的なポイントを解説していきます。

　求める人材像の策定方法については、いくつかの方法がありますが、今回は最もオーソドックスかつ中小企業に適している手法をご

| 図2−1 | 求める人材像の策定手順

Step 1
自社の経営理念・ビジョンをもとに「あるべき姿」を具体化する

「自社の経営理念を体現し得る人材とは、どのようなスキル・マインドを持つ人材なのか」「今後のビジョン・将来展望をどうするか」「その実現に向けて、どのような組織や人材が必要となるか」といった未来軸をもとに、経営者が「求める人材像」の下地となる「あるべき姿」を描く

Step 2
あるべき姿を実現するために必要な人員の年代と人数を算出する

「どの部門・職種に」「どれくらいの年代の人材を」「何名採用する必要があるのか」といった部門・職種・年齢別の必要人員を算出するために、経営者が現状の職種・年齢別の人員構成を整理し、将来のシミュレーションを行なう

Step 3
あるべき姿を実現するために人材に求められるコンピテンシーを言語化する

「何が、どのレベルまでできていれば一人前と呼べるのか」「自社で活躍する社員に共通する行動特性とは何か?」等について、現場のリーダーである部門長が言語化を図る

紹介します。具体的には、図2−1のとおりとなります。

Step1　自社の経営理念・ビジョンをもとに「あるべき姿」を具体化する

　まずは自社の経営理念・ビジョンをもとに、「あるべき姿」を具体化します。ここでいう「あるべき姿」とは、「**自社の経営理念・ビジョンを実現するために必要となる組織や人材**」のことを指します。

　第1章で、人材採用のゴールは「人を採ること」ではなく、「人材採用という手段を通じて、会社を成長・発展させること」にあると述べました。

したがって、求める人材像を検討する際も、「過去に自社で活躍していた人材が持っていた知識・スキル・技術（過去軸）」や「いま求められる人材の知識・スキル・技術（現在軸）」だけでなく、「経営理念やビジョンの実現に向け、将来の自社を担う人材が持つべき知識・スキル・技術（未来軸）」であるかの観点が必要です。

このうち、過去軸や現在軸をもとに「求める人材像」を策定するのであれば、人事責任者や部門長クラスだけで可能かもしれません。

しかし、「自社の経営理念を体現し得る人材とは、どのようなスキル・マインドを持つ人材なのか」「今後のビジョン・将来展望をどうするか。その実現に向けて、どのような組織や人材が必要となるか」といった未来軸をもとに「求める人材像」を策定する場合、これは経営者にしか対応できません。**あるべき姿の具体化は経営者の仕事**なのです。

まずは経営者自身が経営理念やビジョンを再確認し、それをもとに「求める人材像」の下地となる「あるべき姿」を描くことが重要です。

しかし、いきなり経営理念やビジョンから「あるべき姿」を具体化せよといわれても、何をどうすればよいのかわからないと思います。

そこで参考にしていただきたいのが、次ページ図2-2の「経営理念・ビジョンに関するヒアリングシート」です。このシートは、経営者自身が経営理念やビジョンから「あるべき姿」を策定する際の観点、または人事責任者が経営者に対するインタビューを行なう際のヒアリング事項をまとめたものです。

|図2-2|経営理念・ビジョンに関するヒアリングシート

〈ヒアリング事項〉

No.	ヒアリング事項
1	わが社の経営理念ができた背景は？
2	わが社の経営理念に込められた想いは？
3	対顧客・対社会にとっての、わが社の存在意義は？
4	わが社が大切にしてきた価値観・考え方は？
5	なぜ、その価値観・考え方が大切なのか？
6	大切にしてきた価値観・考え方を体現している人材とは、どのような人材か？
7	会社で活躍している人材の特徴とは何か？（価値観・考え方など）
8	会社で活躍していない人材の特徴とは何か？（価値観・考え方など）
9	一緒に働きたいと思う人材の特徴とは何か？
10	今後は、どのような会社・組織を目指しているか？
11	なぜ、そのような会社・組織を目指すのか？
12	今後、顧客・社会に対してわが社が提供すべき価値とは何か？
13	そのために、今後の事業展開において、どのような取り組みが必要となるか？
14	その取り組みを推進するためには、どのような人材が必要か？
15	その人材に求めたい、知識・スキル・マインド・経験とは何か？

〈ヒアリング結果〉

〔わが社で活躍するうえで必要なマインド・スキル〕
- ○○という経営理念を体現するためには、自己成長意欲や主体性、相手志向などのマインドが必須である。
- また、スキルとしては、困難なことがあっても、自ら考え行動できる実行力が重要な要素となる。
- テクニカルスキルとしては、営業職として必要不可欠な関係構築力やヒアリング力、提案力などが必要である。

〔わが社で活躍する社員における共通点〕
- おもな共通点として、担当エリア・顧客の新規開拓ができる点が挙げられる。
- また、上記の推進に必要な、ニーズ把握力や提案力、関係構築力を高いレベルで兼ね備えている。
- そして、営業所の目標達成に向けた部下指導や社員のモチベーション管理等に長けている社員が多い。
- ただし、上記の内容は入社後の業務等を通じて習得可能な要素である。→Want要件

〔求める人材の要件〕
- 以上を踏まえ、求める人材の必須要件(Must)として、以下が挙げられる。
  《スキル》　実行力
  《マインド》　自己成長意欲、主体性、相手志向

このヒアリングシートをもとに「あるべき姿」を具体化するための要素出しを行ないます。

　なお、このヒアリングシートを活用しても、単純な言葉のキャッチボールだけに終始してしまうと、あるべき姿を具体化するための要素出しは難しいため、以下のような各設問の意図や狙いを押さえて活用してください。

【各設問の意図・ねらい】

◎設問群A

- No.1：わが社の経営理念ができた背景は？
- No.2：わが社の経営理念に込められた想いは？
- No.3：対顧客・対社会にとっての、わが社の存在意義は？
  〈設問のねらい〉
- 理念の明確化
  →経営理念ができた背景や、そこに込められた想いを整理することで、経営理念を「言葉」だけでなく、その意図や想いを具体化する。

◎設問群B

- No.4：わが社が大切にしてきた価値観・考え方は？
- No.5：なぜ、その価値観・考え方が大切なのか？
  〈設問のねらい〉
- 求められるマインドの明確化
  →高いスキル・技術を持っている人材でも、自社が培ってきた大切な価値観・考え方に反する人材では定着は難しい。そのため、自社が大切にしてきた価値観・考え方について深掘質問を行な

い、自社で活躍するうえで必要なマインド的要素（志向・価値観など）を洗い出す。

◎設問群C
- No.6：大切にしてきた価値観・考え方を体現している人材とは、どのような人材か？
- No.7：会社で活躍している人材の特徴とは何か？（価値観・考え方など）
- No.8：会社で活躍していない人材の特徴とは何か？（価値観・考え方など）
- No.9：一緒に働きたいと思う人材の特徴とは何か？
- 〈ねらい〉
- ロールモデル（お手本）の明確化
  →自社で活躍するうえで必要なマインド的要素は、定性的観点からでしか捉えることが難しいため、実在する社員やその特徴をもとに「あるべき人材のモデル」をつくり、それをもとに自社で活躍するうえで必要な要素を洗い出す。

◎設問群D
- No.10：今後は、どのような会社・組織を目指しているか？
- No.11：なぜ、そのような会社・組織を目指すのか？
- No.12：今後、顧客・社会に対してわが社が提供すべき価値とは何か？
- No.13：そのために、今後の事業展開において、どのような取り組みが必要となるか？

〈ねらい〉

- ビジョンの明確化

  →今後のビジョンや将来展望・事業展開について整理することで、その実現に向けて必要な人材の要件を洗い出すための足掛かりをつくる。

◎設問群E

- No.14：その取り組みを推進するためには、どのような人材が必要か？
- No.15：その人材に求めたい、知識・スキル・マインド・経験とは何か？

〈ねらい〉

- 人材に求める要件の明確化

  →No.1 からNo.13までを踏まえ、今後のビジョンや将来展望・事業展開をもとに、それを実現するために必要な人材や求める要件（知識・スキル・マインド・経験）を具体化する。

Step2　あるべき姿を実現するために必要な人員の年代と人数を算出する

　自社の経営理念・ビジョンをもとにあるべき姿を具体化できたら、「どの部門・職種に」「どれくらいの年代の人材を」「何名採用する必要があるのか」といった部門・職種・年齢別の必要人員を算出するために、現状の職種・年齢別の人員構成を整理し、将来のシミュレーションを行ないます。

　なお、「自社の経営理念・ビジョンを実現するために必要な人員を算出する」という意味では、この点も「今後、わが社をどのよう

に成長・発展させていくべきか」といった経営の舵取り役を担っている経営者の仕事といえるでしょう。

●現状の部門・年代別の人員構成を整理

　まずは現状の部門・年代別の人員構成を整理します。

　具体的には、図２－３のように縦軸に部門・職種、横軸に年代を並べてグラフ化してください。

　そうすると全社的にどの年代がボリュームゾーンとなっているか、各部門で見たときどの年代が多いか、少ないかが可視化され、現状の年齢構成における問題点の確認ができます。

　図２－３の例では、A部門は30代～40代が多く、20代が少ないことから、特に20代の若手人材の採用を検討すべきでしょう。このように現状の部門・年代別の人員構成がわかれば、「いま、採用すべき部門や対象年齢」がわかります。

　さらに、年代別人員構成のグラフの先端を結ぶと、次ページ図２－４のようになります。組織として見たとき35～45歳が多い「中太

|図２－３|現状の部門・年代別人員構成（例）

部門	【現在】20XX年■月時点の人員				合計
	20代	30代	40代	50代	
A部門	5名	10名	10名	5名	30名
B部門	3名	3名	10名	8名	24名
C部門	4名	6名	12名	10名	32名
D部門	6名	10名	11名	12名	39名
E部門	3名	1名	3名		7名
F部門	3名	3名	1名	4名	11名
合計	24名	33名	47名	39名	143名

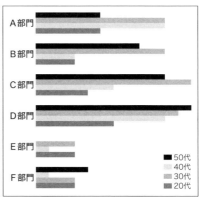

|図2−4│組織の年齢構成イメージ

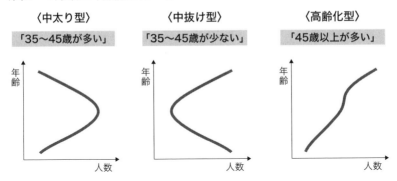

り型」の年齢構成となっている場合は、「将来的なポスト不足」「将来的な技術伝承への対応」のため、20〜30代の人材の採用が喫緊の課題として挙げられます。

　35〜45歳が少ない「中抜け型」の年齢構成となっている組織では、30〜40代の経験者採用が喫緊の課題として挙げられます。

　45歳以上が多い「高齢化型」の年代構成となっている場合は、若手の人材不足を解消することが急務です。

● 5年後10年後の人員をシミュレートする

　次に、現在在籍している社員が仮に誰も離職することなく、5年、10年を経過した場合、組織はどのような年齢構成となるかを確認します。

　このシミュレーションにより、現状と比べてどれくらいの乖離が発生するのか、どの年代が特に手薄になるのかを明確にします。

　具体的には、次ページ図2−5のように、部門・年代別人員構成表の右側に、シミュレートした人員構成表を挿入し、現在との部門・年代別の人員構成のギャップを確認します。

|図2−5|将来の人員予測シミュレーション（例）

部門	①【現在】20XX年■月 時点の人員（離職者除く）				②【5年後】20XX年■月 時点の人員（離職者除く）				増減（②−①）			
	20代	30代	40代	50代	20代	30代	40代	50代	20代	30代	40代	50代
A部門	2	12	15	10	1	6	11	16	−1	−6	−4	6
B部門	1	6	5	4		6	3	6	−1		−2	2
C部門	4	11	21	3		12	15	12	−4	1	−6	9
D部門	6	5	9	5	2	9	5	6	−4	4	−4	1
E部門	2	1	3			3	2	1	−2	2	−1	1
F部門	2	1	1	4		2	1	3	−2	1	0	−1
小計	17	36	54	26	3	38	37	44	−14	2	−17	18
合計	133				122				−11			

　この例では、特にＣ部門・Ｄ部門における20代・40代が大きく減少しているため、仮に現状の年齢構成を維持したい場合は、20代の若手人材や40代の経験者の採用が必要となります。

　また、Ａ部門では30代・40代が減少しますが、そもそも20～30代の人員数が少ないため、採用のテコ入れは20～30代が中心となります。

●あるべき姿の実現のための採用目標を設定する

　最後に、今後の事業展開を踏まえた「あるべき姿」を実現するために、各部門・年齢の中長期的な採用目標を決定します。

　具体的には、次ページ図2−6のように各部門の人員予測を踏まえ、経年変化に伴う自然増減分を調整する「増減調整」欄と、今後の事業展開による必要人数を調整する「追加人員」欄を使って、採用目標人数の最終調整を行ないます。

　経営者は、中長期的なビジョンで各部門・年齢ごとに必要人員を算出することが求められます。

　「○年後までに、○部門には20代を何名、30代を何名……」とい

|図2−6|部門・年齢別の採用目標人数（例）

部門	20代 人員予測	20代 増減調整	20代 追加人員	30代 人員予測	30代 増減調整	30代 追加人員	40代 人員予測	40代 増減調整	40代 追加人員	50代 人員予測	50代 増減調整	50代 追加人員	採用目標人員 20代	採用目標人員 30代	採用目標人員 40代	採用目標人員 50代
A部門	1	1	1	6	6		11	4		16	−	−	2	6	4	
B部門		1		6		1	3			6	−	−	1	1		
C部門		4		12			15			12	−	−	4			
D部門	2	4		9			5			6	−	−	4			
E部門		2	1	3			2	1		1	−	−	3		1	
F部門		2		2			1			3	−	−	2			
小計	3	14	2	38	6	1	37	5		44	−	−	16	7	5	0
合計	150												28			

ったように、ビジョン実現のための採用目標人数を設定し、それを各年度の部門・年齢別の採用目標に落とし込むことで、「会社の成長・発展につながる採用活動」を行なうことができます。

Step3 あるべき姿を実現するために人材に求められるコンピテンシーを言語化する

次に、あるべき姿を実現するために、自社が「求める人材」に必要な行動特性（コンピテンシー）を明確化します。

求める人材のコンピテンシーは具体的でないと採用の合否を決める基準もあいまいとなり、結局なんとなく年齢だけで採用しミスマッチを招くことになりかねません。

各部門・職種において「何が、どのレベルまでできていれば一人前と呼べるのか」「自社で活躍する社員に共通する行動特性とは何か？」といった求める人材像における要件の言語化は、現場のリーダーである部門長の仕事です。

この言語化の手法には以下の３つが挙げられます。

当社の求める人材像を明確化するためにヒアリングへのご協力
をお願い申し上げます。

①　会社で活躍する人材はどのような考え・価値観・特長を持って
いるか？

②　現在活躍している社員は？
　　　※できる限り多くの社員名を挙げてください
　　　例）営業部の村井課長、技術部の金田主任　　など

③　②の社員で人事評価の評価が高い項目は？
　　　（※社員ごとに評価の高い項目を挙げてください）
　　　例）吉村課長：達成指向・創造性・対人影響力・学習志向
　　　　　白岩主任：達成指向・先見思考・コミュニケーション　な
　　　　　ど

④　現在活躍できていない（成長していない）社員は？
　　　※できる限り多くの社員名を挙げてください
　　　例）営業部の杉浦主任、製造部の河野課長　　など

⑤　④の社員の主な共通点や特徴は？　③の社員と比較して不足し
ている要素は？
　　　例）小沢主任：受け身な行動が多い、成長意欲が低い
　　　　　高木主任：目標達成への意識が低い、相手の思いや考えを
　　　　　　　　　　汲み取るのが苦手　　など

⑥　面接時に見ている観点（見極め要素）や必ず聞いている・確認
していることは？

⑦　その他、求める人材として盛り込みたい要件は？
　　　例）□□１級を保有、○○に関する経験が５年以上ある　　など

（1）部門長間でのディスカッションまたはヒアリングシートをもとに人事責任者が部門長へヒアリングを行なう

　現在活躍している複数の社員を１つのモデルとして、その社員に共通して見られる行動特性（コンピテンシー）について、部門長間のディスカッションを通じて抽出するというやり方です。

　組織開発理論の１つに、「２:６:２の法則」というものがあります。これは、一般的に組織は意欲的に働く上位20％、普通に働く中位60％、怠け者の20％に分けられるというものです。

　「上位20％の要素が、残りの80％に影響を与える」というイタリアの経済学者ビルフレッド・パレート（1848～1923）が提唱した「パレートの法則」から派生して生まれたとされています。

　求める人材像に必要な要件を洗い出すためには、この「２:６:２」の法則でいうところの「上位20％の人材（自社で活躍しているハイパフォーマー）」に共通して見られる行動特性に注目します。

　部門長間でのディスカッションが難しい場合は、人事責任者が各部門長へヒアリングを行ない、各部門長の考えを整理していきます。

　ヒアリングでは、前ページ図２－７の「求める人材像に関するヒアリングシート」をもとに「なぜ？」「具体的には？」を繰り返しながら、できる限り多くの情報を引き出せるようにヒアリングを行なってください。

（2）「社会人基礎力」をもとに、求める人材の要件を洗い出す

　部門長間のディスカッションや部門長へのヒアリングでは、各人で考え方が違い、まとまらないかもしれない……と思われる場合は、経済産業省が提唱している「社会人基礎力」をもとに求める人材要件を洗い出すのも１つの手です。

■社会人基礎力とは
✓ 多様な人々とともに仕事を行なっていくうえで必要な基礎的な能力
✓ 必要な基礎能力を、3つの能力と12の要素に分解している

（3つの能力/12の要素）

前に踏み出す力（アクション）　一歩前に踏み出し、失敗しても粘り強く取り組む力

主体性　物事に進んで取り組む力
働きかけ力　他人に働きかけ巻き込む力
実行力　目的を設定し確実に行動する力

考え抜く力（シンキング）　疑問を持ち、考え抜く力

課題発見力　現状を分析し目的や課題を明らかにする力
計画力　課題の解決に向けたプロセスを明らかにし準備する力
創造力　新しい価値を生み出す力

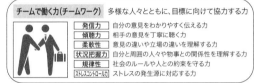

チームで働く力（チームワーク）　多様な人々とともに、目標に向けて協力する力

発信力　自分の意見をわかりやすく伝える力
傾聴力　相手の意見を丁寧に聴く力
柔軟性　意見の違いや立場の違いを理解する力
状況把握力　自分と周囲の人々や物事との関係性を理解する力
規律性　社会のルールや人との約束を守る力
ストレスコントロール力　ストレスの発生源に対応する力

※経産省資料をもとに作成

　社会人基礎力とは、「職場や地域社会で多様な人々と仕事をしていくために必要な基礎的な力」として、経済産業省が2006年に提唱したものです（図2−8）。

　社員に対して求める能力やスキルは、会社によって異なりますが、社会人として求められる能力とスキルは共通している部分が多いため、求める人材像の洗い出しの際には、こちらの3つの能力、12の要素を1つの参考材料として活用することが可能です。

　社会人基礎力をベースとして、その上に自社独自のコンピテンシーを積み上げていくことは、人材の要件を構築するときに有効な手段の1つといえます。

　経済産業省が定義した社会人基礎力をたたき台として、自社なりの定義にブラッシュアップさせてください。

⑶適性検査をもとに求める人材要件を洗い出す

　最後の方法は、外部機関の適性検査を用いる方法です。

　適性検査とは、対象者がいくつかの設問に答えることで、その人の素養や性格・大切な価値観を分析し、自社とのマッチング度を推し量るためのツールです。人材採用活動においては、おもに面接時における求職者の性格理解や見極め（足切り・ふるい分け）を目的に、適性検査を活用している中小企業も多いのではないでしょうか。

　適性検査は、求める人材要件を洗い出すにも有効なツールといえます。

　どのように求める人材要件の洗い出しに活用するのかというと、一般的には求職者に受験してもらう適性検査を、実際に社内で活躍している複数の社員を中心に受験してもらい、その共通点を抽出するというやり方です。

　適性検査の結果を参照することで、「わが社では〇〇の項目は総じて高い」「〇〇の項目は総じて低い」など、自社のハイパフォーマーに共通して見られる行動特性（コンピテンシー）をより定量的に設定することができます。

Step4　Step1～3までの情報を「スキル」と「マインド」のカテゴリーごとに整理する

　Step3までで「あるべき姿」を実現するために必要な「求める人材像」に必要な要件の洗い出しは完了です。ここからは、収集した情報の整理および具体化を行ないます。

　まず収集した要件の整理を行ないます。

　具体的には、収集した要件をスキルとマインドに区分します。イ

メージとしては、「求める人材要件」というボールを「スキル」と「マインド」という２つの箱に振り分けていくイメージです。

　なお、第１章でも述べましたが、この２区分のおもな定義は以下のとおりです。

■スキルの要素は能力・知識・経験

　【能力】学力、思考力、対人能力

　【知識】専門性、技術知識、資格

　【経験】対人折衝、企画、前職の仕事

■マインドは社風に合うかどうかが基準

　【社風適合】志向、価値観、性格など

　下記に各区分の具体例を示しますので、整理の際に参考にしてください。概略は次ページ図２－９にまとめています。

■スキルの【能力】とは

　・行動力：自ら考え行動できる

　・実行力：組織・自身の目標達成に向け、何事も最後まで諦めずにやりきる

　・求心力：周囲を巻き込む

　・逆境力：困難を乗り越える

　・コミュニケーション力：相手の言葉を正しく理解し、自身の考え・思いを正しく伝える

　・創造力：新たな価値を生み出す

　・傾聴力：相手の意見を正しく理解できる

■スキルの【知識】とは

　・商品知識がある

| 図2−9 | 「スキル」と「マインド」のカテゴリーごとに整理する（概念図）

区分	おもな内容	設定例
スキル / 能力	学力、思考力、対人能力	【行動力】自ら考え行動できる 【実行力】組織・自身の目標達成に向け、何事も最後まで諦めずにやりきる 【求心力】周囲を巻き込む 【逆境力】困難を乗り越える 【コミュニケーション力】相手の言葉を正しく理解し、自身の考え・思いを正しく伝える 【創造力】新たな価値を生み出す 【傾聴力】相手の意見を正しく理解できる
スキル / 知識	専門性、技術知識、資格	• 商品知識がある • 事業に関する知識がある • 資格を保有している
スキル / 経験	対人折衝、企画、前職の仕事	• □□職の実務経験が○年以上ある • 管理職経験が○年以上ある • 社会経験が○年以上ある
マインド / 社風適合	志向、価値観、性格など	• 成長意欲、チャレンジ精神がある • 人生目標を持っている／目標達成志向がある／負けず嫌い • 顧客志向がある（顧客を最優先に行動・発言する） • 当事者意識が高く、何事も責任を持って業務を推進できる • 協調性があり、常に周囲への感謝の念を持っている

- 事業に関する知識がある

- 資格を保有している

■ スキルの【経験】とは

- 経験が何年以上ある

- 管理職経験が何年以上ある

- 社会人経験が何年以上ある

■ マインドの【社風適合】とは

- 成長意欲、チャレンジ精神がある

- 人生目標を持っている／目標達成志向がある／負けず嫌い

- 顧客志向がある（顧客を最優先に行動・発言する）
- 当事者意識が高く、何事も責任を持って業務を推進できる
- 協調性があり、常に周囲への感謝の念を持っている

Step5　Step4をMust要件・Want要件・Negative要件に区分する

「スキル」「マインド」の２区分に整理できたら、次にそれぞれを「Must要件（必須条件）」「Want要件（歓迎条件）」「Negative要件（不要条件）」の３区分に整理し、求める人材要件を「スキル・マインド」×「Must要件・Want要件・Negative要件」のマトリックスで整理します。

イメージとしては「スキル」「マインド」という２つの箱の中に、それぞれ「Must・Want・Negative」という３つの仕切りを作り、小分けにしていくイメージです。

このうち「スキル」「マインド」における「Must要件（必須条件）」に当たるのが「求める人材像」となります。

なお、Must、Want、Negativeの３区分の定義は、第１章で述べたとおりですが、ここで改めて示しておきます。

■Mustの要件

自社で働くうえで、これだけは絶対に必要！　という自社で業務を行なううえで必要不可欠な要素

■Wantの要件

業務を行なううえで必要であるものの、入社後に育成することが可能であることや、あると望ましいこと

■ Negativeの要件

　自社で業務するうえで絶対に不要なことや、働くうえで障害となる可能性があること

● Mustのインフレを起こさないように注意

　ステップ３までで収集した要件は、Negative要件に該当することはほとんどないと思いますので、おもに「Must要件」と「Want要件」を中心に整理を行ないます。

　その際、注意していただきたい点があります。

　それは収集した要件をなんでも「Must」として設定しないことです。当然ながら、中小企業にとっては入社後、教育期間なしに、すぐ活躍してくれる人材を採用できることが理想です。

　そのため、そのような超優秀なできあがった人材を「求める人材像」とするべく、求められるスキルとマインドのほとんどを「Must要件」に入れようとする経営者や人事責任者が少なくありません。

　しかし現下の売り手市場で、そのようなハイスペックな人材はなかなか市場に出回っておらず、仮にいたとしても獲得競争が激しいため、採用には困難を極めるでしょう。

　そのため、「自社で働くうえで、これだけは絶対に必要」という自社で業務を行なううえで必要不可欠な要素のみをMust要件とし、入社後の教育を通じて習得できる要件については「Want要件」に設定することで、実現可能性の高い「求める人材像」を策定します。

● 使い方でNegative要件も有効活用できる

　「Negative要件」については、「Must要件」と対比させるような

イメージで検討してください。

　たとえば、Must要件を「主体性の高い人材」「当事者意識の高い人」「チャレンジ志向のある人材」と設定した場合の「Negative要件」としては「受動的で受け身な人材」「他責志向な人材」「失敗・リスクを恐れる／安定を求める人材」などとなります。

　ちなみに、なぜ「Negative要件」を設定する必要があるのかというと、この要件が採用ミスマッチを防ぐために面接時に最も確認しておくべき要件となるからです。

　面接は「わが社に合う人材かどうか？」という適合性を見極める場ですが、同時に「わが社に合わない人材かどうか？」という不適合性を見極める場でもあります。

　そのためNegative要件をもとに、面接の質問内容や見極め基準を検討することで、よりミスマッチが起こりにくい採用を行なうことができます。

●求める人物像を具体化する方法
　以上を通じて、「スキル」「マインド」における「Must要件」「Want要件」「Negative要件」が整理できたら、最終的な『求める人材像』の策定に向けて、「Must要件」の具体化を図ります。

　具体化する際は、言葉の定義における目線合わせを行なうために、経営者や部門長も交えて、「わが社におけるMust要件とは、どのような定義か？」について検討してください。

　たとえば、以下のようなレベル感で具体化しておくとよいでしょう。

■Must要件

【スキルにおける能力】

実行力：目標や計画に向かって、達成するまで最後まで諦めずに取り組むことができる

行動力：自らの夢や目標のため、周囲の役に立つためであれば、自ら考えたことを即行動に移すことができる

創造力：顧客ニーズ実現のために、自ら創造力を発揮して新たな付加価値を生み出せる（目標達成に向けて、自ら考え・行動できる）

【マインド】

自己成長意欲：自らの夢や目標を実現するための努力を惜しまず、またリスクを顧みずに常に新たなことにチャレンジし続ける勇気と覚悟がある

協調性：相手（顧客や社員）の立場に立って考え・行動し、周囲の役に立つことに喜びを感じることができる

「求める人材像」は社内で共有されてはじめて意味をもつ

ここまでのStep 1 ～ 5 を通じて「求める人材像」が策定できたら、早速社内で共有し、全社員が共通の認識が持てるよう浸透させる必要があります。

その際に注意すべきは、序章、第1章でも再三述べた「言葉の定義・解釈は人によって異なる」という点です。

経営者や部門長、人事責任者は、「求める人材像」を言葉だけでなく、それに至った背景やプロセスを理解しているため目線合わせができています。

しかし、そのプロジェクトに参画していない社員の間では、言葉だけが独り歩きしてしまい、結果として正しく伝わらないことがあ

ります。

　社内に求める人材像をしっかりと浸透させるためには、求める人材像であるMust要件について、「なぜMust要件として設定したのか（背景・理由）」について、社員と共有することが重要です。

　求める人材像とともに、その設定理由を社内へ周知徹底させることで、なぜこれがMust要件なのか、社員の理解度を高めることができます。

　また、採用サイトや採用説明会等でもMust要件の設定理由を掲載することで、採用のミスマッチ防止や企業にとって不要な求職者からの応募防止にも役立ちます。

第 3 章

最速で新人を戦力化する
教育計画の作り方

条件面以上に応募者が重視するのが「自分が成長で
きる会社なのか」という点です。本章では、早期離職を
防ぐことに成功した中小企業の実例を用いながら、教
育計画の策定の仕方と上司が果たすべき機能、効果
的な育成方法を、合わせて見ていきましょう。

適切な教育が若い社員の
成長を促し定着率を上げる

　はじめに、中小企業における教育計画の成功事例をご紹介します。この中小企業は、新入社員向けの育成計画を策定したことで、早期離職ゼロと即戦力化を同時に実現しました。

　予算もなくスタッフもいない普通の中小企業ですが、新人教育の手入れを行なうことで、若い人材の定着のみならず採用活動にも新しい力を加えることができたというケースです。

教育計画で半期ごとの到達レベルを設定し丁寧に評価

　専門商社であるＧ社は、新卒採用を中心に人材調達を行なっており、そのなかでＯＪＴやＯＦＦ-ＪＴなどの仕組みも整備していましたが、「どうしても新卒社員の数名が１年以内に離職してしまう」「会社の教育体制や受け入れ体制も整ったが、新人がなかなかすぐに育たない」という悩みを持っていました。

　そこで同社は、「新入社員の定着・即戦力化」を会社の重要課題として設定し、人事制度と関連させた新入社員（１年目）の教育計画を策定しました。

　Ｇ社が教育計画を策定・運用した手順は以下のとおりです。

①人事制度（等級・評価基準）をもとに新入社員が身に付けるべきスキル・マインドを洗い出す

　Ｇ社の場合、人事制度に定め運用している等級ごとに、求める能力や役割、職務、成果責任などを具体的に文章で明記した「等級基

|図3−1|G社の等級基準書の例

等級基準書	
内容	定義（新人レベル）
業界理解	業界の存在意義・動向を正しく理解している 業務に必要な最低限の業界知識を習得している
商品理解	自社のメイン商材に関する知識や特徴を理解している
コミュニケーション	上司、先輩社員、周りと普段から積極的にコミュニケーションをとることができる
業務計画	遅滞なく日々の業務報告を行なっている
相手志向 顧客志向	常に相手目線で行動・発言をしている 何事も責任を持って、最後まで諦めずに取り組んでいる
協調性	手すきの際には自ら周囲の手伝いを行なっている 苦手な仕事・作業も率先して行なっている

準書」がありました。

　そこで、新入社員教育計画の策定でも、その基準書を活用しました。等級基準をもとに「新入社員に求められるレベル・ゴール」、すなわち何ができていれば入社１年目の社員としての等級基準を満たしたことになるかを洗い出し、次に「求めるレベル・ゴールを達成するために必要な要素」、すなわち新人に必要なスキルとマインドの中身の洗い出しを行ないました。

　たとえば「取り扱い商材に関する知識」は、同社の等級基準項目の１つに挙げられていましたが、これに対して新入社員に求められるレベル・ゴールは、「自社の取り扱い商材の特徴や強み、他社との差別化ポイントをわかりやすく説明することができる」ことと設定しました。次に、このレベルを達成するための必要スキルとして、「自社・競合他社の取り扱い商材の理解、顧客ニーズ・動向の理解」を設定しました。

②新入社員が身に付けるべきスキル・マインドを習得させるための
教育内容を整理する

　次に、新入社員が身に付けるべきスキル・マインドの教育内容（Ｏ
ＪＴ／ＯＦＦ-ＪＴ）について整理しました。ＯＪＴとは仕事を通
じての教育、ＯＦＦ-ＪＴは仕事を離れた教育研修やトレーニング
のことです。

　先ほど取り扱い商材に関する知識で「自社・競合他社の取り扱い
商材の理解、顧客ニーズ・動向の理解」を必要な要素として設定し
ましたが、これを新入社員教育に落とし込むと、ＯＪＴは「顧客へ
の商材説明の一部を新入社員に担当してもらい、上司・先輩がフィ
ードバックを行なう」となり、ＯＦＦ-ＪＴは「若手社員を講師と
した商材に関する勉強会を週１回実施し、簡単なテストを行なう」
などとなります。

　以上のように、人事制度（等級・評価基準）を活用して「新入社
員に何を身に付けさせるべきか」、「そのためにどのような教育を行
なうべきか」を検討することで、Ｇ社ではより体系的な新入社員教
育のプラン・実行を行なうことができました。

③教育担当者と実施スケジュールを決定する

　検討した各教育内容については、実施担当者とスケジュールを調
整しました（110ページ図３-２参照）。

　スケジュール作成の際は、新入社員に習得させたいスキル・マイ
ンドに対して優先順位付けを行ない、１年間を通じてすべてのスキ
ル・マインドが習得できるように設定しました。

④「新入社員に求めるレベル・ゴール」をもとに半期後の到達レベル（ゴール）を設定・評価する

　最後に、「新入社員に求めるレベル・ゴール」をもとに半期後の到達レベル（ゴール）を設定し、毎月、新入社員と教育担当者の双方が評価を行ないました。

　その結果については、個人面談を通じてフィードバックし、双方の認識のすり合わせや今後の目標・課題設定を行ないました。これにより、新入社員の成長実感の醸成や目標レベルの向上を図ることができました。

　また、新入社員との密なコミュニケーションの場として、新入社員が抱えていた職場での悩みや不安の解消も合わせて行ないました。

メリットの多い「メンター制度」の導入

　なお、G社では教育計画の策定と合わせて、「メンター制度」の導入も行ないました。

　メンター制度とは、先輩社員（メンター）が新入社員（メンティ）に対して定期的な面談やアドバイスを行ない、新入社員が抱える仕事や人間関係、キャリア等に関する不安や悩みを解消することで、精神的フォローを行なう人材育成手法です。

　メンター制度は「ブラザー・シスター制度」「エルダー制度」という呼び方をされることもありますが、一般的には以下のようなメリットがあります。

◎新入社員の定着率向上が期待できる

　新入社員は、会社という新たな環境に馴染むことはすぐには難しいため、仕事や人間関係、職場環境について１人で不安を抱え込むことが多々あります。

|図3-2|G社の教育計画表の例

【1年目の新入社員に対する教育内容】

新入社員が身に付けるべきスキル・マインド		教育内容	
内容	1年目の到達レベル	OJT・OFF-JT内容	手段
業界理解	業界の存在意義を正しく理解し、自分の言葉で周囲へわかりやすく伝えることができる	1) 勉強会を通じて業界知識・動向を理解させる 2) 業界雑誌を読み、レポートを提出してもらう 3) 自社の強み・独自性についてプレゼンしてもらう	OFF-JT
商品理解	自社の商材の特徴や強み、他社との差別化ポイントをわかりやすく説明することができる	1) 商材に関する勉強会を毎週実施する →担当顧客の事例紹介&振り返りシートの記入 2) 顧客への説明の一部を担当してもらう	1)OFF-JT 2)OJT
コミュニケーション	自ら上司・先輩社員へコミュニケーションを図っている	明るくハツラツとした挨拶ができるよう指導する 自ら全社員と積極的にコミュニケーションを図るよう指示している	OJT
業務計画	日報を期日どおりに提出できている 読み手にとってわかりやすい報告となっており、業務での学び・気づき等が明確に記されている	日報の重要性を正しく理解させる。また、日報の書き方・記入内容・納期等を説明し、営業活動の振り返りの質を高める	OJT
相手志向 顧客志向	常に相手目線で行動・発言をしている 何事も責任を持って、最後まで諦めずに取り組んでいる	業務や他の社員からの共有事項等で気になる点があれば都度フィードバックする	OJT
協調性	手すきの際には自ら周囲の手伝いを行っている 苦手な仕事・作業も率先して行なっている	手すきになった際は、自ら上司や先輩社員へその旨を伝えるよう指示しておく どんな業務・作業も自身の成長につながることを伝える	OJT

　そのため先輩社員（メンター）をつけ、新入社員が不安や悩みを相談しやすい環境をつくることで、定着率の向上を図ります。

◎先輩社員の指導能力向上が期待できる

　新入社員の不安や悩みを聞き、適切なアドバイスを行なうことによって、先輩社員自身も成長し、将来管理職として活躍するためのマネジメント力を磨くことができるなど、先輩社員も新入社員のメンターとなることで指導能力の向上が期待できます。

◎社内コミュニケーションが活性化される

　メンターを担当する先輩社員は、新入社員の上司や先輩社員とも

担当	スケジュール											
	4月	5月	6月	7月	8月	9月	10月	11月	12月	1月	2月	3月
1)2)A氏 3)B氏	●	●	●									
1)J4社員	●	●	●									
2)同行者				●	●	●	●	●	●	●	●	●
メンター	●	●	●	●	●	●	●	●	●	●	●	●
メンター	●	●	●	●	●	●	●	●	●	●	●	●
メンター	●	●	●	●	●	●	●	●	●	●	●	●
メンター	●	●	●	●	●	●	●	●	●	●	●	●

緊密なコミュニケーションを取ることが必要となります。

　部署の垣根を越えて社員同士が「新入社員の育成」という同じ目的を持つことによって、社内コミュニケーションの活性化が期待できます。

　G社では、新入社員と年齢の近い20〜30代の若手社員の中からメンターを選定しました。

　これにより、働くなかでの不安や悩みをメンターが解消するだけでなく、必要に応じて社内連携を図ることで社内コミュニケーショ

|図3-3|G社のメンター制度の概要

| 目的 | 新入社員との密なコミュニケーションを通じた、不安・悩みの解消 |

〈メンターのおもな役割〉

▶毎月の個人面談等を通じて、新入社員との良好な関係性を構築するとともに、新入社員が抱える不安・悩みの傾聴・解消を行なう

▶上記の解消をするため、必要に応じて上司や他部門のメンターと連携を図る

▶新入社員がよく抱えがちな不安・悩みを洗い出し、改善策を検討・提案する

〈メンターの選定基準〉

▶20〜30代の若手社員の中から、新入社員1名につき1名のメンターを選定する

ンが活性化されると同時に、新入社員から聞いた不満をもとに職場環境の改善にも取り組んだため、結果として全社的な離職率の低下につながりました。

会社と新人がウィンウィンの関係に

　G社では、以上のような人事制度と関連させた体系的な教育内容を策定したことで、企業側としては「効果的な新入社員育成を通じて、会社が求める能力を早期に習得させ、即戦力化できる」、新入社員側では「体系的な教育を受けることで成長実感を持ちやすく、また会社が求める能力を早期に習得することで、自身の評価が上がり、結果として処遇もアップする」という双方のメリットを享受することができました。

　また、新入社員向け教育計画を採用説明会や面接時に説明することで、入社後の成長イメージを具体化し、人材育成に力を入れていることを自社の魅力としてアピールするためのツールとして活用することで、採用力の強化を図ることができました。

最速で新人を戦力化する
教育計画の策定手順

　人手不足が加速する中小企業の場合、人材採用と同じくらい重要なのが、新人の定着・即戦力化です。

　大企業と比べ、時間・人員・コスト面にさまざまな制約がある中小企業では、採用した新人が1日でも早く会社の戦力となってくれることほどありがたいことはありません。

　では、新人を最速で戦力化するためには何が必要なのでしょうか。それは序章から何度も述べているとおり、現場任せの属人的な教育ではなく、自社の社員として持つべき重要なスキル・知識・マインドの習得に向けた教育計画を企業の責任で策定し、戦略的かつ効率的な教育を推し進めることです。

人事制度は教育の軸

　ここで教育計画の軸となるのは、1つは第2章で述べた「求める人材像」ですが、より具体的には人材像を検討するなかで抽出したスキル・マインドの〈Want要件〉（業務を行なううえで必要であるものの、入社後に育成することが可能であること、あると望ましいこと）となります。

　もう1つは人事制度（等級基準・評価基準など）です。

　人事制度には、「等級・職位制度」「人事評価制度」「賃金制度」の3つの大きな柱があります。

　1つ目の「等級・職位制度」は、社員の仕事レベルや組織上での役割などを表わしています。2つ目の「人事評価制度」は、一定期

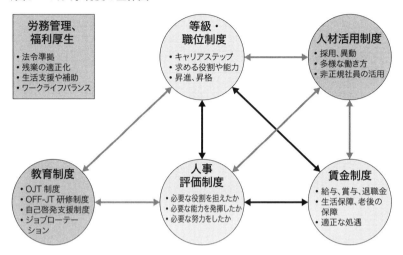

|図3－4| 人事制度の全体図

労務管理、福利厚生
- 法令準拠
- 残業の適正化
- 生活支援や補助
- ワークライフバランス

等級・職位制度
- キャリアステップ
- 求める役割や能力
- 昇進、昇格

人材活用制度
- 採用、異動
- 多様な働き方
- 非正規社員の活用

教育制度
- OJT制度
- OFF-JT研修制度
- 自己啓発支援制度
- ジョブローテーション

人事評価制度
- 必要な役割を担えたか
- 必要な能力を発揮したか
- 必要な努力をしたか

賃金制度
- 給与、賞与、退職金
- 生活保障、老後の保障
- 適正な処遇

間における成果や社員の能力、意欲などをチェックするための仕組みです。3つ目の「賃金制度」は前の2つを受けて、給与・賞与などの処遇を決定するための仕組みです。

この3つの制度を中心にしながら、採用や配置、働き方など、より戦略的に組織を動かす「人材活用制度」、社員の成長をサポートする「教育制度」、適切な労働環境を整えるための「福利厚生」「労務管理」などを加えた集合体が「人事制度」と呼ばれます。

この人事制度（等級基準・評価基準など）と連動させながら新人が習得すべきスキル・知識・マインドを検討することで、「新人の成長促進→評価アップ→昇進・昇格」という好サイクルを生み出し、新人のモチベーションを高めながら最速で戦力化することができます。

次ページ図3－5に、教育計画の策定手順の全体像を示しました。

|図3－5|教育計画策定の手順全体図

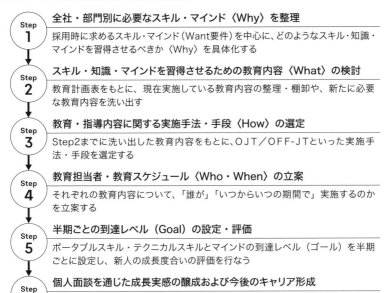

Step 1 全社・部門別に必要なスキル・マインド〈Why〉を整理
採用時に求めるスキル・マインド（Want要件）を中心に、どのようなスキル・知識・マインドを習得させるべきか〈Why〉を具体化する

Step 2 スキル・知識・マインドを習得させるための教育内容〈What〉の検討
教育計画表をもとに、現在実施している教育内容の整理・棚卸や、新たに必要な教育内容を洗い出す

Step 3 教育・指導内容に関する実施手法・手段〈How〉の選定
Step2までに洗い出した教育内容をもとに、OJT／OFF-JTといった実施手法・手段を選定する

Step 4 教育担当者・教育スケジュール〈Who・When〉の立案
それぞれの教育内容について、「誰が」「いつからいつの期間で」実施するのかを立案する

Step 5 半期ごとの到達レベル（Goal）の設定・評価
ポータブルスキル・テクニカルスキルとマインドの到達レベル（ゴール）を半期ごとに設定し、新人の成長度合いの評価を行なう

Step 6 個人面談を通じた成長実感の醸成および今後のキャリア形成
半期を通じて成長したことや自身の今後の課題等について話し合う場を設け、成長実感の醸成や今後の課題設定、キャリア形成を行なう

Step1 　新入社員の教育ニーズはWant要件で整理

　まず、全社・部門別に必要なスキル・マインドを整理します。

　ここでいうスキル・マインドとは、前章で紹介した「求める人材像」で要求された要素とは異なります。採用の際に求めたスキル・マインドはMust要件でしたが、社員教育で身に付けるべき要素はWant要件が中心となります。

　採用段階で備えているべきMust要件に対し、Want要件は入社後の教育・トレーニングで、人材のレベルをさらに上げていき、会社を背負って立つリーダーに育つための要件といえます。

　したがってスキル・マインドは採用のときに十分審査したのだから、いまさら教育は無用とはいきません。

	採用時に求めるスキル・マインド	入社後に教育するスキル・マインド
	自社では教育不可能または困難な要素（Must）	入社後に習得可能な要素（Want）または左記をレベルアップさせた要素
スキル	・行動力（自ら考え・行動できる） ・発信力（自らの意見をわかりやすく伝える） ・チームワーク（目標達成に向けて、周囲と協力する力）	・実行力（何事も最後まで諦めずにやりきる力） ・コミュニケーション力（自らの意見をわかりやすく伝える）（相手の言葉を正しく理解できる） ・働きかけ力（周囲を巻き込みながら行動できる）
マインド	・主体性（積極的に物事に取り組める） ・自己成長意欲（自身の成長に貪欲である）	・当事者意識（常に自分ごととして捉えて行動できる） ・チャレンジ精神（自己成長に向け、常に新たなことにチャレンジし続ける勇気と覚悟がある） ・相手志向（相手目線での行動・言動ができる）

●ポータブルスキルとテクニカルスキル

　第1章で述べたとおり、スキルは、ビジネス・パーソンとしてのベースとなる能力で業種や職種を問わず、どこにでも持ち運んでいける考え方や技術を表わす「ポータブルスキル」と、「担当業務を遂行するうえで必要な知識・技術」を表わす「テクニカルスキル」に大別されます。

　マインドとは「自社で働くうえで必要な心構え・価値観・考え方」を表わしています。

　なお、繰り返しになりますが、ここで整理するスキル・マインドの要件は、第2章で述べた〈Want要件〉（業務を行なううえで必要であるものの、入社後に育成することが可能であることや、あると望ましいこと）が中心となります。

　新人の教育計画を策定する際、多くの経営者がまず考えるのは、「何を教えるべきか？〈What〉」「どのような手段で教育を行なうべき

|図3－7|ポータブルスキル、テクニカルスキル、マインドの具体例

観点	具体例
テクニカル スキル	〈職務を遂行するために必要な能力〉 • 営業スキル（商品知識／ニーズ把握力／提案力など） • 製造スキル（製品知識／段取り力／改善力など） • 接客スキル（販売知識／関係構築力／傾聴力／クレーム・トラブル対応力） • 技術スキル（技術力／設計技能スキル／プログラミングスキル）など
ポータブル スキル	〈ビジネス・パーソンとしてのベースとなる能力〉 • ビジネスマナー（名刺交換・敬語・電話の受け方／かけ方など） • 指示受けスキル • 報連相スキル（報告・連絡・相談） • タイムマネジメント力 • ＰＤＣＡ • 実行力　など
マインド	〈自社で働くうえで必要な心構え・価値観・考え方〉 • 前向きに学び続ける姿勢 • 顧客意識 • コスト意識 • 時間意識 • 当事者意識　など

か？〈How〉」などの具体的な教育内容・手段ではないでしょうか。

　しかし、まずは最速で戦力となってもらうためには、新人という初期段階でどのようなスキル・知識・マインドを習得させるべきか〈Why〉を具体化する必要があります。

　一般的に、キャリアには「新人→一人前→リーダー」といったステップがあります。新人を戦力化するという意味では、まずは「新人」から「一人前」になるために必要な全社共通・部門別の「スキル・マインド」とは何かを改めて具体化する必要があります。

●伸びしろをつくるための基礎教育が重要

　新人を一人前にするために、まず習得すべきはマインドとポータ

ブルスキルです。

　私は、この２つの要素を入社３年目までの初期段階で、いかに鍛えられるかが、その新人の成長スピードに大きく影響すると考えています。

　経営者に新人が身に付けるべきスキルを尋ねると、多くが実務的なスキル（テクニカルスキル）を挙げます。

　たしかに早く一人前になってもらうには、実務スキルを高める必要がありますが、何ごとも基礎が大事、仕事においても基礎基本をしっかりと築いてから実務面でのスキルを身に付けさせるほうが、安定した成長を遂げることができます。

　つまり、ポータブルスキルに付随して、「自社で働くうえで必要な心構え・価値観・考え方」というマインドの教育を行なうことが、自社で活躍できる人材となるために重要なのです。

　「最速で新人を戦力化するためにまず必要な要素はポータブルスキルとマインドである」という前提で具体的に見ていきましょう。

　まずは最も重要な根幹であるマインドについてです。

　「自社で働くうえで必要な心構え・価値観・考え方」がマインドのおもな定義ですが、当然ながら会社によって大切にしている価値観や考え方は異なります。必要なマインドも多種多様かと思います。

　そこで、ここでは参考として一般的に新人ビジネス・パーソンに必要とされているマインドを中心に述べていきます。

　マインドの適性は、すでに採用段階でふるいにかけられていますから、新人といえどもある程度は備わっているはずです。しかし新人段階では、素養はあってもまだまだ十分といえない状態です。

　今後の成長のためにもマインドの磨き込みは重要ポイントですの

|図3−8│まずマインドとポータブルスキルを鍛える

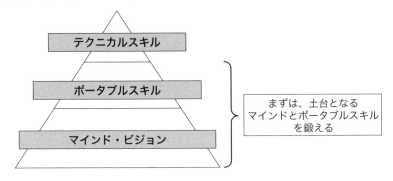

で、改めて補強するポイントを見ていきます。

●新人に求められるマインドとは
①協調性

　新人時代は、どうしても周囲の協力を得ながら仕事を進める必要があります。チームや組織の一員として、協調性を持って行動すること、相手の意見や考え方を尊重し、コミュニケーションを密にとることで、良好な人間関係を築くことができます。

②謙虚さ

　新人は、まず自身の成長に貪欲であり続けることが大切ですが、同時に謙虚であることも重要です。先輩や上司、同僚からのアドバイスや教えを素直に受け入れ、自分自身を成長させる姿勢を身に付けてもらい、1つひとつの成功・失敗体験を次の成長につなげることが重要です。

③目標意識

新人といえども自分なりの目標を設定し、目標に向かって努力することが必要です。明確な目標を持ち、継続的に努力することで、成果を上げることができます。

④主体性

特に新卒社員のような社会人未経験者の場合は、右も左もわからないまま入社します。そのような状況下で1日も早く会社の戦力となるには、何ごとも恐れることなく、自ら積極的に行動することや自分で考え、行動する習慣を持つことで、成長機会を自ら獲得していくことが必要です。

⑤解釈力

一見ネガティブに見える失敗体験も、それを「自身の伸びしろ」として捉え、学び・気づきを得ながら次に生かすことができれば、自身にとって大きな成長につながります。

「失敗体験」という1つの出来事も、当人の見方・捉え方次第で大きく変わります。われわれは出来事をコントロールすることはできないが、解釈は自由にできるのです。

「すべての出来事は、前向きに考えればチャンスとなり、後ろ向きに考えればピンチとなる。問題が起きたことが問題ではなく、どう考えたかが本当の問題である」

これは、起業家の福島正伸氏の言葉です。

こういった捉え方は「習慣」です。いきなりいままでとは違う解釈をしようとしてもできません。そのため、日常生活からこのような考え方を意識し、習慣づけてもらうことが重要です。

|図3−9|教育すべきマインド

主体性 ✓ 主体性を身に付けるには、プラスクエスチョンと出来事のプラス解釈が必要
✓ われわれは出来事をコントロールすることはできないが、解釈は自由にできる
✓ 必然の法則「人生に起こる問題は何か大切なことを気づかせるため」のもので、「自分に解決できない問題は決して起こらない」

慮り ✓ 人間関係は「与えてから、与えられる」

プロ意識 ✓ 体調管理、品質・納期意識

> マインドは、先輩社員の姿勢や何気ない言動に大きな影響を受けやすく、指導担当者だけではなく周囲の先輩・上司も注意が必要！

⑥前向きに学び続ける姿勢

　ほんの数年前まで、われわれの情報収集手段は新聞・テレビでしたが、いまではネット、スマホを介してニュースや経済動向を知ることが当たり前の世の中になりました。

　能力・スキルが時代変化によって一瞬で役に立たなくなることもあるのです。だからこそ一生学び続ける覚悟と姿勢を持ち、どのような時代でも、その時代の変化に対応できる人材へと成長を続けることが重要です。

　以上のような現代人のベースとなるマインドに加え、自社独自のマインド、すなわち「自社で働くうえで必要な心構え・価値観・考え方」を習得させ、自社の戦力となってもらうための土台づくりを行なってください。

● 新人のうちに教育すべき基本スキル

次に、ポータブルスキルについてです。

「ビジネス・パーソンとしてのベースとなる能力で業種や職種を問わず、どこにでも"持ち運んでいける"考え方や技術」がポータブルスキルの定義です。挨拶やビジネスマナーなど、業種・規模を問わず、ある程度共通した要素が挙げられます。

以下にビジネス・パーソンとして必要不可欠なポータブルスキルとその育成ポイントを列挙しますので、参考にしてください。「① 指示受けスキル」と「②報連相スキル」については、次節（143ページ）以降で詳説します。

① 指示受けスキル

指示受けスキルとは、仕事の内容や進め方、上司の目標レベルなどを正しく把握するためのスキルのことです。

新人時代は、上司や先輩社員から業務指示を受けながら進めるケースが多いので、上司・先輩から指示を正しく受けることが重要です。一見すると、単に上司・先輩が指示したことを、そのままやればよいだけだから簡単と思うかもしれませんが、新人に限らず、正しい指示受けができていないビジネス・パーソンは意外に多いように感じます。

社会人経験の少ない若手人材は特にそうです。

指示内容だけでなく、言葉に含まれた意図・背景を理解できないと、結果として「ボタンの掛け違い（コミュニケーション・エラー）」が起きてしまいます。

②報連相スキル

　ビジネス・パーソンとして必要不可欠なスキルの代表ともいえるのが「報連相（報告・連絡・相談）」です。

　しかし、この報連相も、正確かつ確実に実践できているビジネス・パーソンは多くありません。

　私は中小企業の人材採用・定着支援だけでなく、それを支えるための人事制度の構築・運用支援も行ないますが、人事制度の柱の1つである人事評価制度を構築する際、多くの経営者から「ウチの社員は報連相ができていないから報連相を評価項目に入れたい」と依頼されます。

　それだけ報連相というのは簡単なようで難しいスキルなのです。これは裏を返せば、新人時代に正しい報連相を習得・実践させ、習慣化させることは、最速で新人を戦力化する近道といえます。

③タイムマネジメントスキル

　新人時代は、仕事の優先順位や工数なども見えづらいため、1つひとつの仕事にムダに時間をかけていたり、優先順位を立てた仕事の進め方ができないケースが多いものです。

　新人には仕事の優先順位付けや適切な業務工数での業務遂行などを習慣化させることが重要です。

　タイムマネジメントは最初から新人1人で実践することは難しいため、上司・先輩も一緒に業務スケジュールを立てたり、日報を通じて業務管理を行ないつつ、気になる点があれば都度指摘してあげるなどのサポートが必要です。

　また、適切に仕事の優先順位付けを行なうために、「プライオリ

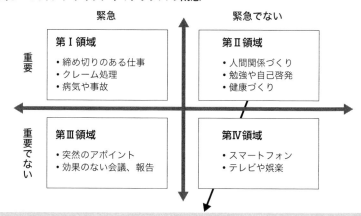

|図3−10|プライオリティマトリクスの概念

	緊急	緊急でない
重要	**第Ⅰ領域** • 締め切りのある仕事 • クレーム処理 • 病気や事故	**第Ⅱ領域** • 人間関係づくり • 勉強や自己啓発 • 健康づくり
重要でない	**第Ⅲ領域** • 突然のアポイント • 効果のない会議、報告	**第Ⅳ領域** • スマートフォン • テレビや娯楽

• 日々のスケジュールの中で、いかに第Ⅱ領域の仕事に取り組めるかスケジューリングを行なう。
• 第Ⅱ領域の仕事を「先に」スケジューリングし、そのスケジュールに対して誠実に行動する。

ティマトリクス（重要度と緊急度の２軸でタスクを分解)」を使った優先順位の決め方（図３−10参照）なども新人に習得させておけると、新人の業務効率化を進めることができます。

④ＰＤＣＡサイクル

　人間の成長には、経験したことを検証・改善し、再度チャレンジする、というサイクルが必要です。

　この一連の流れを新人時代に数多く経験させ、自主的にＰＤＣＡサイクルを回せる人材をつくることで、社内に新人を最速で戦力化する仕組みができます。

　ＰＤＣＡサイクルを教育するうえで重要なことは、「同じやり方でやれば同じ結果しか出ない」ということを正しく理解させることです。

　新人が犯した失敗・ミスに対して、「なぜ失敗・ミスをしてしま

|図3−11|自社で必要な新人のポータブルスキルの例

ポータブルスキル	概要
指示受けスキル	仕事の内容や進め方、上司の目標レベルなどを正しく把握するためのスキル
報連相スキル （報告・連絡・相談）	無駄な工数を割かず、仕事をスムーズに行なうためのスキル
タイムマネジメントスキル	仕事の優先順位付けを行ない、効率的に仕事をこなすためのスキル
ＰＤＣＡサイクル	Plan（計画）→Do（実行）→Check（評価）→Action（改善）のサイクルを回すことで、業務改善や業務レベルのスパイラルアップを図るためのスキル

ったのか？　その原因は何なのか？」「どうすれば次は同じ失敗・ミスを犯さないようになるのか？」「そのためには、いつ・何を・どのような意識・行動をする必要があるのか？」といったPDCAの「C：チェック」を、上司・先輩も新人に寄り添いながら考え、PDCAをサポートする必要があります。

　正しく実行できていれば、それに対して承認を行ない、「PDCAサイクル」を回すためのモチベーションを喚起します。

● **新人の成長を加速させる部門・職種別のテクニカルスキルを整理**
　最速で新人を戦力化するために必要な全社共通のポータブルスキルとマインドの整理ができたら、次は「担当業務を遂行するうえで必要な知識・スキル・技術」を表わすテクニカルスキルについて、部門・職種別に整理します。

　部門・職種別のテクニカルスキルを整理する際は、以下の手順に沿って実施してください。

　人事制度がある中小企業の場合は、制度上の等級・評価基準を参

考に整理することも可能です。具体的には、一人前の社員が属する等級・職位に該当する等級・評価基準を「一人前となるために必要なスキル・知識」と捉え、部門・職種別のテクニカルスキルを整理することです。

　人事制度の等級・評価基準とは、会社が求める人材を言語化したものであるため、人事制度と連動させた教育計画を策定することができます。

①一人前の社員が担当する業務内容を棚卸しする

　まず、新人が最終的に担うべき業務を洗い出すため、自社で一人前の社員が担当する業務内容を部門・職種別にリストアップします。このとき、１つひとつの業務の粒度が大きくなりすぎないように留意してください。

　たとえば、営業職における業務内容を整理する際、「営業活動」という括り方をしてしまうと粒度が大きすぎますので、「新規開拓」「商品提案」「提案書・見積書・契約書の作成」「クレーム・トラブル対応」など、具体的な営業活動の中身に細分化していきます。

　これにより、一人前の営業職となるために必要なスキル・知識等を洗い出しやすくします。

　検討手順としては、独力で業務を遂行している一人前社員のうち、複数名をピックアップしたうえで、「その社員が担当している業務内容をピックアップする」、次に「その業務を構成する要素を洗い出す」といったイメージで、１つひとつの業務をタスクに分解するようにしてください。

②業務を遂行するために必要となるスキル・知識を洗い出す

　次に、1つひとつの業務を遂行するために必要となるスキル・知識を洗い出します。

　たとえば、「商品提案」というタスクを遂行するためには、「業界・商品知識」「提案力」「ヒアリング力」「クロージング力」などが必要となるでしょう。

　このように、「そのタスクを遂行するためには、どのようなスキル・知識がないとできないのか」を洗い出すことで、新人が身に付けるべきテクニカルスキルを整理することができます。

③業務遂行に必要となるスキル・知識のレベル分けを行なう

　最後に、業務遂行に必要となるスキル・知識のレベル分けを行ないます。

|図3-12|テクニカルスキルの例

おもなタスク	必要なテクニカルスキル
商品提案	• 業界・商品知識 • 提案力 • ヒアリング力 • クロージング力　など
企画	• 市場・業界知識 • マーケティングスキル • 情報収集力 • 創造力　など
製品の製造	• 製造知識 • 段取り力・業務管理力 • 改善力 • トラブル対応力　など
営業事務	• 段取り力・業務管理力 • 業務知識 • PCスキル／業務処理能力　など

「クレーム・トラブル対応」といっても、「上司・先輩の指示のもと基本的なクレーム・トラブルに対する初期対応ができる初歩的レベル」「独力で基本的なクレーム・トラブル対応ができる中等レベル」「独力でイレギュラーなクレーム・トラブル対応ができる高度なレベル」など、その対応レベルは成長段階によって異なります。

このように、②で洗い出した業務遂行に必要なスキル・知識を成長段階でレベル分けすることで、新人に「少し背伸びすれば届く目標（スモールステップ）」を掲げさせ、それをクリアさせていくことで、成長実感を与え、同時に成功体験を通じて「自分はやればできる！」という自己効力感を持たせることができます。

Step2　新人を戦力化するために必要な教育内容〈What〉を明確にする

新人に求められるポータブルスキルとテクニカルスキル、マインドの整理ができたら、次は以下の手順に沿って、そのスキル・知識・マインドを習得させるための教育内容〈What〉について検討します。

①教育計画表を作成する

まず、縦軸にステップ1で整理した全社・部門別のテクニカルスキル・ポータブルスキル、それにマインドをレベル別に並べます。次に横軸へそれぞれに対する教育内容を記入できる欄を設けた表を作成してください。

これで、新人を戦力化するために必要な教育内容を抜けやもれなく洗い出すことができます。

②現在社内で実施している教育内容を洗い出す

　次に、現在全社・部門別に実施している業務同行や現場指導等のＯＪＴや、勉強会・社内外研修・社内検定等のＯＦＦ-ＪＴの内容を洗い出します。

　ＯＦＦ-ＪＴは比較的洗い出しがしやすいですが、ＯＪＴを現場に一任していた場合は、１つの部門内でも個人によってＯＪＴの量・質が大きく異なります。

　そこで、部門長や現場リーダークラスを集め、部門長らが実施しているＯＪＴの内容と手順、およびその効果を公開し、相互共有を行ないます。

　そのうち効果が高いと思われる内容をピックアップすることで、いままでは個人個人で行なっていたＯＪＴを、その部門、あるいは全社の教育ノウハウへと昇華させるのです。

③洗い出した教育内容を、全社・部門別のテクニカルスキル・ポータブルスキルとマインドに分類

　ひととおり教育内容の洗い出しが完了したら、「教育計画表」縦軸の全社・部門別のテクニカルスキル・ポータブルスキルとマインドに分類していきます。

　研修等のＯＦＦ-ＪＴは複数テーマで実施するケースが多いため、１つの項目のみに当てはまるケースは少ないと思いますので、その場合は複数項目に同一の研修を記載してかまいません。

　まずは、新人を最速で戦力化するために必要なスキル・知識・マインドに対し、自社の教育内容（ＯＪＴ／ＯＦＦ-ＪＴ）で過不足がないか、その度合いをチェックします。

　こうすることで、現在実施しているＯＪＴ／ＯＦＦ-ＪＴによって、

|図3-13|教育計画表のサンプル

区分		新人レベル	
		達成レベル	教育内容
全社 共通	テクニカルスキル		
	ポータブルスキル		
	マインド		
●●部	テクニカルスキル		
	ポータブルスキル		
	マインド		
●●部	テクニカルスキル		
	ポータブルスキル		
	マインド		
●●部	テクニカルスキル		
	ポータブルスキル		
	マインド		

すでに事足りている項目もあれば、追加で別途教育内容を検討すべき項目などが浮き彫りになっていきます。

④教育が不足していた項目に対する教育内容を検討する

　最後に、現在実施している教育（ＯＪＴ／ＯＦＦ-ＪＴ）ではカバーできていなかった項目に対して、追加でどのような教育を実施すべきかを検討します。

　この「いままでカバーできていなかった項目」は、新人教育における盲点となっていた可能性があります。

　したがって部門長や現場リーダークラスで、この点について話し合いの場を設け、「どのような教育をすれば習得できるか？」につ

半人前レベル		一人前レベル	
達成レベル	教育内容	達成レベル	教育内容

いて、改めてじっくりと検討することが必要です。

Step3 教育・指導内容に関する実施手法・手段〈How〉を選定する

　全社・部門別に必要なスキル・知識・マインドに対する教育内容を整理できたら、各教育内容の実施方法・教育手段を選定します。

　まずは、前述した「教育計画表」の「教育内容」欄の右側に行を追加し、「実施手段」の記入欄を作成してください。そして、教育内容ごとに「ＯＪＴ」「ＯＦＦ-ＪＴ」のいずれかを「実施手段」欄に記入していきます。

　なお、社内ですでに実施済みの教育内容については、原則として

|図3-14| 教育〈What〉の例

項目	新入社員が身に付けるべきスキル・マインド〈Why〉	
	1年目の到達レベル	求めるスキル・マインド・行動
業界理解	業界の存在意義を正しく理解し、自分の言葉で周囲へわかりやすく伝えることができる	○業界知識・動向の理解 ○自社の強み・独自性の理解 ○他社との差別化要素を説明できる
商品理解	自社の商材の特徴や強み、他社との差別化ポイントをわかりやすく説明することができる	○商材知識の理解 ○他社の取り扱い商材の理解 ○顧客ニーズ・動向の理解
コミュニケーション	自ら上司・先輩社員へコミュニケーションを図っている	○積極性（何事も意欲的に取り組む） ○主体性（自ら進んで物事に取り組む）
業務計画	日報を期日どおりに提出できている 読み手にとってわかりやすい報告となっており、業務での学び・気づき等が明確に記されている	○相手目線 ○省察・自己客観視（振り返り） ○文章力・語彙力
相手志向 顧客志向	常に相手目線で行動・発言をしている 何事も責任を持って、最後まで諦めずに取り組んでいる	○相手目線 ○責任感・当事者意識 ○実行力
協調性	手すきの際には自ら周囲の手伝いを行なっている 苦手な仕事・作業も率先して行なっている	○組織貢献意識 ○協調性・チームワーク

その手段を引き続き実施としますが、その手段が最も効果的・効率的な手段であるかは改めて検討しておくほうがよいでしょう。

　たとえば、「商品知識」について「営業同行を通じて習得させる」としてOJTを中心に教育していた中小企業があったとします。

　たしかに、営業同行で上司・先輩が商材の説明や特長、競合他社との違い等を顧客に説明している様子を実際に見聞きすることで、商品知識を習得することは可能です。

　しかし、これでは同行する上司・先輩の力量に左右されてしまったり、対象顧客によって商品知識に偏りが出てしまう可能性があります。

　そのため、こういうケースでは「輪番制で商品知識向上に向けた

教育内容〈What〉	
OJT・OFF-JT内容	チェックポイント
1）勉強会を通じて業界知識・動向を理解させる 2）業界雑誌を読み、レポートを提出してもらう 3）自社の強み・独自性についてプレゼンしてもらう	1）勉強会後のテスト 2）レポートの内容で理解度を確認 3）プレゼンの量・質
1）商材に関する勉強会を毎週実施する→担当顧客の 　事例紹介＆振り返りシートの記入 2）顧客への説明の一部を担当してもらう	1）振り返りシートの量・質 2）顧客ニーズを踏まえた提案になっていたか？　端的 　に・わかりやすく特徴を伝えていたか？
明るくハツラツとした挨拶ができるよう指導する 自ら全社員と積極的にコミュニケーションを図るよう指 示している	出社中に確認する。他の社員に聞いてみる
日報の重要性を正しく理解させる また、日報の書き方・記入内容・納期等を説明し、営 業活動の振り返りの質を高める	納期を厳守できているかを確認する →こちらが聞かなくても、日報が提出されているか？ 日報のチェック（量・質）＆レビューを繰り返し行なう
業務や他の社員からの共有事項等で気になる点があれ ば都度フィードバックする	担当業務や依頼した作業に対して、責任を持って最後 まで取り組んでいたか？ 他の社員に聞いてみる
手すきになった際は、自ら上司や先輩社員へその旨を 伝えるよう指示しておく どんな業務・作業も自身の成長につながることを伝える	常に何かしらの業務や周囲のサポートを行なっているか？ 苦手な仕事・作業にもチャレンジしているか？　他の社 員に聞いてみる

勉強会を毎週実施し、商品知識に関する簡易テストを実施する」などのＯＦＦ-ＪＴを実施したほうが、より幅広く体系的に商品知識を習得することができます。

　ＯＪＴとＯＦＦ-ＪＴのバランスに注意が必要です。

　ＯＪＴばかりを選んでしまうと、現場で新人教育を担当する上司・先輩の負担が大きくなってしまいます。

　ＯＪＴだけに頼らず、必要に応じてＯＦＦ-ＪＴでフォローしたり、自社にリソースがなければ外部研修の導入も検討しながら、現場負担にも配慮してバランスのとれた手段を選定してください。

|図3-15| 〈How〉選定のサンプル表

実施手段	例	メリット	デメリット
OJT	〈アウトプットの場〉 ✓業務同行 ✓現場実務 など	✓現場で仕事をするための実践的な能力が身に付く ✓実務に即した教育ができるため、現場で必要なスキルや知識を短期間で習得できる	✓現場社員の負担が大きい ✓体系的に学べないため、汎用性にやや欠ける ✓教育担当者の力量によって習得できる能力・スキルが左右される
OFF-JT	〈インプットの場〉 ✓集合研修 ✓勉強会 ✓講義・座学 ✓ケーススタディ ✓グループワーク など	✓現場社員の負担を軽減できる ✓体系的に学ぶことができ、基礎的な能力・スキルを効率的に習得できる	✓実務と異なる環境で教育を行なうため、実際の業務に直接役立たないことがある（応用が必要） ✓外部研修の利用等をする場合、教育に対するコストがかかる

Step4 教育担当者・教育スケジュール〈Who・When〉を立案する

　教育内容と実施方法・手段の選定が完了したら、それぞれを「誰が」「いつからいつの期間で」実施するのかを立案します。

　「教育計画表」の「実施手段」欄の右側に行を追加し、「教育担当者」「教育スケジュール」の記入欄を作成してください。なお、「教育スケジュール」については月間でのスケジュールが記入できるように「1か月目」「2か月目」「3か月目」といったように表を作成してください。

　教育担当者については、各教育内容を実施する担当者を選定・記入します。

　「〇〇氏」と具体名を記入することが理想ですが、それが難しい場合は「部門長」「総務人事部門」など、部門名や役職で代替して

も問題ありません。いずれにせよ、「その教育は誰が（どの部門・役職者が）実施するのか」と責任者をはっきりと明記することで、教育を「絵に描いた餅」にしないようにすることが重要です。

「教育スケジュール」については、全体を踏まえて教育における優先順位や会社の繁閑期と現場負担等を踏まえて作成します。

特にＯＪＴは実際には現場社員を中心に教育することが多いため、経営者や総務人事部門の「あるべき姿」だけで作成しては現場を疲弊させるだけで、教育計画の運用に支障をきたしてしまいます。

現場社員にとってムリのない、そして無駄なく効果的・効率的なスケジュールを組むよう心がけましょう。

新人を戦力化するためには、テクニカルスキルの土台となる「マインド」「ポータブルスキル」の習得が最優先事項となりますので、この２点を入社後にまず教育し、その後にテクニカルスキルに関する教育を行なうほうが、スムーズに教育することができます。

Step5 半期ごとの到達レベル（Goal）を設定・評価する

以上で教育計画はいったん完成となりますが、教育計画を適切に運用していくためにはまだ重要なポイントがあります。

それは、新人に必要なポータブルスキル・テクニカルスキルとマインドの到達レベル（ゴール）を半期ごとに設定し、新人の成長度合いの評価を行なうことです。

当然ながら、新人の教育には時間を要します。どんな人材であれ一定期間の教育が必要です。長短はあっても教育期間がなければ、新人を戦力化することはできません。

しかし、長期間にわたる教育は、「自分はいま本当に成長できて

|図3−16|スケジュール表サンプル

項目	新入社員が身に付けるべきスキル・マインド〈Why〉		OJT・OFF-JT内容	教育内 手段
	1年目の到達レベル	求めるスキル・マインド・行動		
業界理解	業界の存在意義を正しく理解し、自分の言葉で周囲へわかりやすく伝えることができる	○業界知識・動向の理解 ○自社の強み・独自性の理解 ○他社との差別化要素を説明できる	1）勉強会を通じて業界知識・動向を理解させる 2）業界雑誌を読み、レポートを提出してもらう 3）自社の強み・独自性についてプレゼンしてもらう	OFF-J
商品理解	自社の商材の特徴や強み、他社との差別化ポイントをわかりやすく説明することができる	○商材知識の理解 ○他社の取り扱い商材の理解 ○顧客ニーズ・動向の理解	1）商材に関する勉強会を毎週実施する →担当顧客の事例紹介＆振り返りシートの記入 2）顧客への説明の一部を担当してもらう	1）OFF- 2）OJT
コミュニケーション	自ら上司・先輩社員へコミュニケーションを図っている	○積極性（何事も意欲的に取り組む） ○主体性（自ら進んで物事に取り組む）	明るくハツラツとした挨拶ができるよう指導する 自ら全社員と積極的にコミュニケーションを図るよう指示している	OJT
業務計画	日報を期日どおりに提出できている 読み手にとってわかりやすい報告となっており、業務での学び・気づき等が明確に記されている	○相手目線 ○省察・自己客観視（振り返り） ○文章力・語彙力	日報の重要性を正しく理解させる また、日報の書き方・記入内容・納期等を説明し、営業活動の振り返りの質を高める	OJT
相手志向 顧客志向	常に相手目線で行動・発言をしている 何事も責任を持って、最後まで諦めずに取り組んでいる	○相手目線 ○責任感・当事者意識 ○実行力	業務や他の社員からの共有事項等で気になる点があれば都度フィードバックする	OJT
協調性	手すきの際には自ら周囲の手伝いを行なっている 苦手な仕事・作業も率先して行なっている	○組織貢献意識 ○協調性・チームワーク	手すきになった際は、自ら上司や先輩社員へその旨を伝えるよう指示しておく どんな業務・作業も自身の成長につながることを伝える	OJT

いるのだろうか？」「この教育は、本当に新人の成長につながっているのだろうか？」と、新人や上司・先輩社員の双方に不安を与えることがあります。

　そこで、新人の成長度合いを定期的に測定・評価するため、半期ごとに到達レベルを設定するのです。

　この、半期ごとに到達レベル（ゴール）を設定・評価することには、以下のようなメリットがあります。

チェックポイント	担当	4月	5月	6月	7月	8月	9月	10月	11月	12月	1月	2月	3月
〜)勉強会後のテスト 〜)レポートの内容で理解度を確認 〜)プレゼンの量・質	1)2)A氏 3)B氏	→	→	→									
〜)振り返りシートの量・質 〜)顧客ニーズを踏まえた提案になっていたか? 〜)端的に・わかりやすく特徴を伝えていたか?	1)上司 2)同行者	→	→	→	→	→	→	→	→	→	→	→	→
〜社中に確認する。他の社員に〜いてみる	C氏	→	→	→	→	→	→	→	→	→	→	→	→
〜期を厳守できているかを確認〜る 〜こちらが聞かなくても、日報が提出されているか? 〜報のチェック(量・質)&レビュ〜を繰り返し行なう	C氏	→	→	→	→	→	→	→	→	→	→	→	→
〜当業務や依頼した作業に対し〜、責任を持って最後まで取り組〜でいたか? 〜の社員に聞いてみる	C氏	→	→	→	→	→	→	→	→	→	→	→	→
〜に何かしらの業務や周囲のサ〜ートを行なっているか? 〜手な仕事・作業にもチャレンジ〜ているか? 〜の社員に聞いてみる	C氏	→	→	→	→	→	→	→	→	→	→	→	→

①成長度合いの測定・評価を通じて成長実感を持てる

　一例として、「商品知識」における半期後の到達レベルを「自社の主要商品に関する特徴や強み、他社との差別化ポイントを説明できるレベル」と設定し、それに対する評価基準は4〜5段階程度で設定します。

　「1点：まったくできていない・取り組んでいない」「2点：できていないときがあった・取り組みがやや不足していた」といった簡

|図3−17|教育レベルのチェックポイント

期間	20××年4月～10月

【到達レベル】　5点：周囲の模範となっている　4点：あるべき姿に到達している　3点：一部に改善の余地があ〜

	6か月後のあるべき姿	【何を】あるべき姿の具体化
テクニカルスキル	• △△社と○○社の取り扱い商材を人に説明できるレベルで覚えている • 受注ソフトの□□の使い方がわかる • 当社の業界や競合先を理解している	自社の商材に関する基本知識を習得している
		PCスキルを有している
		業界や競合に関する情報を定期的に収集している
ポータブルスキル	• お客様に不快に思われないような礼儀・マナー・挨拶ができている • 上司にとってわかりやすく、タイムリーな報告ができている • 手帳を活用し、確実にスケジューリングできている	社内外を問わず明るくハツラツとした挨拶ができてい〜る
		清潔感を与える服装や髪形をしている
		与えられた仕事について、細かくかつタイムリーに報告している
		手帳を活用したスケジュール管理ができている
マインド・ビジョン	• 自ら周囲に対してコミュニケーションを図っている • 体調管理を徹底している • 自ら進んで仕事を取りにきている	上司・先輩に対して積極的に話しかけている
		無遅刻・無欠勤が続いている
		手すきになれば、すぐに上司へ仕事を取りにきている

振り返り	本人コメント
できたこと 実践した点	今月は、挨拶や身だしなみを意識しました。○○さんからも「よい挨拶だね！」とお褒めの言葉を頂きました。また、遅くとも毎日11時には就寝し、会社には遅くとも10分前に出勤するなど、無遅刻無欠勤に向けた自分なりのルールを徹底しました。
できなかったこと 改善を要する点	自社の商材について、まだまだ説明できないことがあり、勉強不足を感じています。今後は、毎日商材に関する自習の時間を設け、基本的な商材を説明できるようにしたいと思います。また、業界誌や新聞を毎日読めておらず、継続的な取り組みができていませんので毎朝必ず読んでから出社します。

所属	営業　部　　営業　課
氏名	鈴木　一郎

点：やや不足している　１点：全くできていない

【どのように】OJT内容・チェックポイント	【どのレベルで】期間内のゴールイメージ	到達レベル 本人	到達レベル 上司
商材に関する講義および簡易テストを実施する	基本的な商材については、人にわかりやすく説明できる	2点	3点
○○業務を依頼する	問題なく○○業務を遂行できている	2点	2点
業界誌や新聞を読ませ、毎朝その感想を聞く	業界・競合動向を踏まえて、自社の強み・弱み等を把握している	2点	2点
始業・終業時に確認する	相手を問わず、自分から率先して挨拶している	4点	3点
始業・終業時に確認する	常に身だしなみが整っている	4点	4点
報告事項と期日を設けたうえで、すべて報告があったかをチェックする	こちらが聞かなくても、報告をしている	3点	2点
手帳や業務日報等で、スケジューリングできているかをチェックする	2週間先のスケジュールまで管理できている	2点	2点
出社中に確認する。他の社員に聞いてみる	全社員とコミュニケーションを図っている	3点	3点
―	期間内は、風邪等の理由で会社を休んでいない	5点	5点
他の社員に聞いてみる	常に何かしらの仕事や周囲のサポートを行なっている	4点	3点

上司・人事部コメント	
上司	まずは、新社会人としてよいスタートが切れるように取り組んでもらいました。全体を通じてよく頑張っていると思います。「到達レベル」では、鈴木さんとの間に、いくつかの項目において差があります。目標レベルを上げて、より一層の向上を目指してください。次の期間では、より密なコミュニケーションを図って進めていきましょう！ 　㊞
人事部	㊞

易的な基準で問題ありません。

　このような到達レベルの設定・評価を通じて、新人の成長度合い
を測定することで、新人は自身の成長を客観視することができると
同時に、上司・先輩も「評価」という手段を通じて、新人への承認
をすることができます。

　教育計画を適切に運用するためには、新人と上司・先輩の双方が
「この教育計画をしっかりと進めていけば着実に成長できる」とい
う確かな実感を持つことが重要なのです。

②新人の視座（目標レベル）を高めることができる

　この到達レベルの評価の際には、ぜひ新人にも自己評価をつけて
もらってください。そうすることで、新人と上司・先輩の間での視
座（目標レベル）の違いを見出すことができます。

　先ほどの「商品知識」における半期後の到達レベルを例にとると、
新人は「自社の主要商品について、顧客の前で自信をもって説明で
きた」と自身を評価し、５点満点をつけたとします。

　しかし、上司・先輩から見ると「ひととおり説明はできていたが、
商品の特長や他社との違いを説明できておらず、説得力に欠けてい
た」と感じて２点をつけたとします。

　この両者の点数差は「視座の違い」によって生まれたものですが、
この点について、新人と話し合うことで新人の成長を促すことがで
きるのです。

　新人には、なぜこの点数をつけたのかを説明してもらったうえで、
具体的な行動事実をもとに上司は評価根拠と理由を提示します。

　そうすることで、新人が「なるほど。この項目はこのレベルまで

きてはじめて5点なのか」と視座（目標レベル）を高めることができるのです。

　新人の場合、経験が浅いぶん、上司・先輩と比べて視座が低くなりやすく、「自分はできている」と錯覚してしまいます。この錯覚は新人の成長にブレーキをかける要因となってしまいますので、評価のフィードバックを通じて阻止しなければなりません。

　したがって上司・先輩の評価軸や基準などを新人に伝えることは、教育計画や到達レベルに対する新人の理解度を高めることにもつながります。

③到達レベルという「あるべき姿」に対する現状のギャップを正しく理解できる

　到達レベルに対する評価を行なうことで、到達レベルという「あるべき姿」に対して、現状のレベルはどの水準にあるか、目標と現在地のギャップを正しく理解することができます。

　「問題」とは「理想と現実のギャップであり、解決を要する事柄である」といわれています。

　新人のさらなる成長に向けた目標設定や取り組みでは、「理想と現実のギャップ（＝問題）」を明確にすることで、新人を着実に成長させることができるのです。

Step6　個人面談を通じて成長実感の醸成や今後のキャリア形成を行なう

　Step5でも述べたとおり、教育計画を適切に運用していくためには、半期ごとの到達レベル（ゴール）を設定し、新人の成長度合

いに対する評価を行なうことが重要です。

しかし、「あなたはこの項目は何点でした」といったような、結果通知だけではまったく意味がありません。

到達レベルに対する評価を行なったタイミングで、新人との個人面談を行ない、半期の振り返りやできたこと・できなかったこと、成長したことや自身の今後の課題等について話し合う場を設け、成長実感の醸成や今後の課題設定、キャリア形成を行なうことが重要です。

また、その個人面談の場で、新人が抱える仕事の悩み相談や不安の解消等を行なうことで、人材定着にも効果があります。

着実な成長につながる
重要スキルの伸ばし方

新人の指示受けスキルを上げる方法

　ここからは、日々、新人の育成に取り組むうえで重点的に伸ばしたいスキルについて、詳しくみていきます。最初は122ページですでにふれた「指示受けスキル」についてです。

　有名な経営学者であるピーター・F・ドラッカーは「組織に潜む最大の危険は、よく考えもしないで上司の言っていることを、そのまま実行してしまうことだ」と言っています。

　つまり、正しい「指示受け」を行なうためには、仕事の入り口を間違わないよう、その指示の意図や背景、アウトプットイメージなどについて、指示を受けたタイミングで上司・先輩とすり合わせを行なっておくことが重要なのです。

①指示受けの技術「TEAR」をマスターさせる

　指示受けスキルを高める方法に「TEAR」があります。TEARとは、「Take Memo（メモをとる）」「Expect（期待事項を把握する）」「Ask（質問する）」「Repeat（復唱する）」の頭文字をとったものです。

　この4つで指示受けすることを徹底して教育することで、「ボタンの掛け違い」が起こりにくくなり、上司・先輩の要望どおり正しく仕事をすることができます。

　具体的には、新人にTEARを覚えてもらい、何かしらの指示を

出す際に、しっかりと実践できているかをチェックします。その際に、メモを持ってきていない、復唱せずに終わってしまったなど、ＴＥＡＲの観点の中で抜けやもれがあれば、その場で指摘をします。

　これを繰り返していくことで、ＴＥＡＲを踏まえた指示受けが、その新人にとっての習慣となっていきます。

　なお、新人への指摘を行なう際は、「メモをとられずに聞かれていると、ちゃんと覚えてくれているか不安になるので、メモを取りながら聞いてほしいんだ」「復唱してもらえると、自身の指示がうまく伝わっているかを確認できるので助かるよ」など、第1章で触れた「Ｉメッセージ（53ページ参照）」を意識して指摘をすると、新人も抵抗なく受け入れることができます。

②常に〈7W2H1G〉を確認させる

　ＴＥＡＲの中で最も難しいのが「Expect（期待事項の把握）」です。

　上司・先輩が期待するアウトプットレベルや納期などは、往々にして個人差があったり、あいまいであることが多いものです。

|図3−18| 7W2H1Gとは

Why	なぜ、何のために
When	いつ、いつまでに
Who	誰が
Whom	誰に対して
What	何を
Where	どこで
Which	どちらから
How	どうやって
How much／How long	どのくらいかけて（量・コスト・時間等）
Goal	どの状態へ

そのため、新人に上司・先輩の持っている期待事項をより具体的に把握してもらうには、〈7W2H1G〉で質問を徹底させること。これも指示受けスキルを高めるには有効です。

　指示受けの際には、常に新人は〈7W2H1G〉を頭に描きながら、不足している情報の有無を把握し、不足情報があれば上司・先輩に質問するよう教育することで、数少ないコミュニケーションだけで、ミス・ムダをなくし、業務を効率的に進めることができます。

正しい報連相のスキルとは

　ビジネス・パーソンにおける重要スキルといえる報連相スキルについて、ここで整理しておきたいと思います。教育ポイントは以下のとおりです。

①なぜ、報連相が重要なのかを正しく理解させる

　まず、新人に「なぜ、報連相が重要なのか？」を正しく理解してもらうことが必要です。

　なぜ重要なのかがわかることで、普段の業務の中でも報連相を意識するようになります。会社にある仕事はすべて人から人へのバトンパスによって成り立っています。原則として1人で完結する仕事はありません。

　製造業には、「顧客の要望に合わせた製品を作る」という仕事がありますが、これも「営業パーソンが顧客からオーダーを持ち帰る」→「それを製造現場の社員に伝える」→「A工程・B工程のメンバーがそれぞれ製造する」→「その製品をチェックして、営業に性能等を伝える」と、実に多くの社員が1つの仕事に関わっています。

次の相手によりよいバトンを渡すためにも、正しい報連相を行なうことは何よりも重要です。このことを新人に理解してもらわなければなりません。

　「上司・先輩に言われたから報連相する」のでは、目的や重要性が理解できていません。
　報連相の重要性を意識していないと「これは大したことではないから報告しなくてよいだろう」「このミスを上司・先輩に報告してしまったら、怒られそうだから黙っておこう」というように、悪しき報連相の習慣に染まってしまいます。

②「ホウレンソウ」ではなく「ソウホウレン」で覚える

　新人時代は、スキル・知識・経験が不足しているため、単独の業務遂行は難しく、上司・先輩の確認・協力を得ながら業務を進めることが多くなります。
　スキル・知識・経験の不足によるミスや失敗なども多発します。そういったミスや失敗を最終的にフォローするのは上司・先輩です。その負担も小さなものではありません。
　そのため、新人が仕事を進める場合は、「報告」をベースにするのではなく、「相談」をベースに進めるよう新人を教育することが重要です。
　「報告」をベースにしてしまうと、「○○の業務については、□□のように作成しておきました」と業務が完了した後のコミュニケーションになってしまうため、間違っていた場合は手戻りが発生します。すでに手遅れ、後の祭りになってしまうケースも考えられます。

このように、報告をベースとした業務の進め方では、ミスやムダは防げません。

一方、「相談」をベースに仕事を進めた場合はどうでしょう。

新人から相談を受けた時点で間違いが発生していれば、すぐに軌道修正を図ることができますから、新人は上司・先輩の要望どおりの業務を行なうことができます。

相談が基本動作であれば、「なるほど。これはこのように考えて進めたらよかったのか」と学び、気づきの機会が増えるとともに、結果、成長機会も増えることになります。

そのため、新人には「相談」をベースにした仕事の進め方を徹底させると同時に、「何か困ったことがあったら、すぐに相談してほしい」と依頼しておき、相談という手段を通じて、要望どおりに業務が進んでいるかを逐一チェックできるようにしておくことが重要です。

相談をベースにした仕事の進め方ができた新人に対しては、「ちゃんと定期的に相談してくれるから、安心して仕事を任せられるよ」とIメッセージで承認をしてあげることで、新人のモチベーションを高めると同時に、「もっと相談しよう」と積極的な相談姿勢へ導くことができます。

③悪いことこそ迅速に報告させる

ナポレオンは「よい報告は翌朝でよいが、悪い報告は即刻、我を起こせ」と言っていたそうです。

人間は誰しも、人から叱責されることを嫌います。特にZ世代は、「他人からの評価」を気にする傾向が強いため、自身にとってマイ

ナスになることは、隠蔽しようとする人が多いといわれています。

　しかし、当人の保身のために報告すべきことを隠されては、会社にとっては非常に迷惑な話です。

　新人が起こしたミスや顧客からのクレームも、上司・先輩が知ればすぐに対処し、最小限の傷で済みますが、日が経てば経つほど甚大な影響を及ぼすでしょう。

　悪い報告を隠すと、会社に対してどれほどの影響があるかを新人に伝え、早く報告することが自身にとっても、会社にとっても最善であることを理解してもらうことが重要です。

　これは、ビジネス・パーソンにとって当たり前ともいえることですが、残念ながら企業の規模を問わず、隠蔽が頻発していることも事実です。

　新人時代に、このようなビジネス・パーソンにおける当たり前を徹底しておくことで、後々の会社のトラブルや損失を未然に防ぐことにつながります。

　「こんなの当たり前だから教育する必要ない」と思わず、バッドニュース・ファーストを入念に指導することをお勧めします。

④報連相の技術「TALK」「PREP」をマスターさせよ

　正しい報連相ができないビジネス・パーソンが多い理由の１つに、報連相を実行するには、見聞きした情報を整理したうえで、それを相手にとってわかりやすく主語や時系列等を順序だてて伝える、高いコミュニケーション力が必要であるからという指摘があります。

　こんな経験はないでしょうか。

　新人から何かの相談を受けている際、「結局、何が相談したいの

だろう……」と思ったこと、あるいは「これは、○○君の意見なのかな、それとも事実なのかな……」と思ったことなど、恐らく思い当たることがあるはずです。

そして、多くの上司・先輩はそのような報連相をする新人に対して「君は結局何が言いたいんだ！　こっちは忙しいんだから、まとめてから報告しなさい」と叱責してしまいます。

その気持ちは理解できますが、これは逆効果です。

新人は、上司・先輩から報連相が大事であると教育されたから、「報連相しなければ」と自分なりにまとめてから上司・先輩のもとを訪れています。

それなのに叱責されたのでは、怒られるのは嫌だから、報連相は必要最低限なことだけにしようと報連相を止めてしまいます。

とはいえ日々多忙である上司・先輩にとって、新人の報連相に時間をとられていては仕事どころではありません。ですから、新人に「TALK」「PREP」をマスターさせ、より円滑な報連相を習得・実践させることは有効です。

TALKとは、「Timely（タイムリーに都度報連相すること）」「Alert（悪いことから報告すること）」「Level（相手の要求に合わせた報連相をすること）」「Ketsuron（結論から述べること）」の頭文字をとったものです。

この4つを新人に理解させ、報連相におけるルールとしておくことで、上司・先輩にとってもわかりやすい、ムダのない報連相を行なうことができます。

結論から説明をはじめる技術

　「Ketsuron（結論から述べること）」に使えるフレームに「ＰＲ
ＥＰの法則」があります。

　ＰＲＥＰの法則とは、「Point（結論）」「Reason（理由）」
「Example（事例）」「Point（結論）」の頭文字をとったもので効果
的な伝達を行なうためのフレームです。

　ＰＲＥＰでは、「こういう結論です。その理由はこうです。なぜ
ならこういう事例があるからです。その結果、冒頭の結論となりま
した」という説明の流れになります。

　新人にこのＰＲＥＰの法則に沿った伝え方を徹底させておくと、
上司・先輩もよりわかりやすいコミュニケーションを新人と図るこ
とができます。

　話し方というのも習慣で成り立っているため、報連相に限らず新
人とのコミュニケーションの中で、「結論から話すように」と口を
酸っぱくして言っておくと習慣化されやすいでしょう。

　その他にも以下のようなポイントを新人に教育しておくことで、
新人とスムーズな報連相を行なうことができます。

■相談なのか、連絡なのか、報告なのかをまずは伝えること
■何の件についての話をするのか、「〜の件について報告します」
　などの伝え方を習慣化させること
■話が終われば「〜の件については以上です」と締めくくること
■主語を明確にすること

■事実と意見を混同しないように「誰が〜をした」「どこで〜が起こった」を明確にすること
■話す内容に関して、質問されても答えられるように準備しておくようにすること

経験学習サイクル理論を知っておこう

　ＰＤＣＡサイクルを新人にマスターしてもらうことの重要性については、124ページで解説しました。このＰＤＣＡサイクルの考えとは別の理論に「経験学習サイクル」というものがあります。こちらも非常に重要ですので、ここで述べておきます。

　これは、アメリカの組織行動学者であるコルブが提唱した理論で、自分が実際に経験した事柄に対し、「経験→省察（内省）→概念化→実践」という４段階のサイクルを繰り返してこそ、人は成長できるという考えに基づく理論です。

　人間の能力開発の第一歩は「経験」だといわれています。

　人間の成長には、研修などのＯＦＦ-ＪＴも必要ですが、人間の成長に寄与するのは、実は70％が現場での経験によるものといわれています。

　ほとんどは実務（ＯＪＴ）を通じて能力開発されるのですから、上司が新人の成長段階に応じた業務依頼をすることは、新人の成長にとって大変重要です。

　経験を積むと「できた・できなかった」「よかった・悪かった」などの結果が出るため、それらを踏まえて「省察」、つまり振り返りを行ないます。

　しかし、新入社員の場合は振り返りの量・質が不足することが多

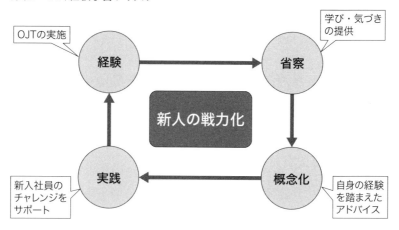

|図3−19| 経験学習サイクル

OJTの実施

経験

学び・気づき
の提供

省察

新人の戦力化

新入社員の
チャレンジを
サポート

実践

概念化

自身の経験
を踏まえた
アドバイス

く、「まぁ、何とかなるか」「次はうまくいくだろう」といったよう
に、次に活かせる振り返りとなっていないケースも多く見受けられ
ます。

　そこで、先述のとおり、上司・先輩が自身の経験等をもとに、新
たな学び・気づきを新人に与えることが重要なのです。

　「省察」ができると、次は「概念化」です。「こうしたらうまくい
くのではないか」といった「マイセオリー」をつくることです。

　とはいえ、新人は経験が少ないためつくったセオリーが間違って
いる可能性が高く、この点でも上司・先輩が、自身の経験等を踏ま
えたアドバイスを行なう必要があるでしょう。

　そして最後に、そのセオリーを「実践」し、新たな経験を積む、
というサイクルを回し続けます。この「実践」というフェーズでも、
新人のチャレンジや成功に向けたサポートを行なうことが、新人の
成長を加速させます。

第 **4** 章

自社にとって最も効果的な
採用の進め方

▼

本章では「自社にとって」効果的な採用方法をどう確
立していくかを整理します。現状の課題のつかみ方、訴
えるべき自社の魅力を明確化する手順、さらに採用活
動計画スケジュールの立案まで、実際に当所が用いて
いるフォーマットと実例で解説していきます。

採用成功企業の共通点①
半年間で20~30代の人材を10名以上採用

　第1章でも触れましたが、ここでもう一度、中小企業の人材採用成功事例をくわしく紹介しながら、成功企業に共通する点を考えていきたいと思います。

　まず、半年間で20~30代の若手人材を10名以上採用した地方の中小企業の事例です。この中小企業は、地方ということもあり、人材の確保、特に若手人材の採用は難しい課題でした。

　同社では、採用力強化に向けておもに以下の取り組みを実施しました。

地方企業ゆえに双方向のネット戦略をバージョンアップ

　最初に取り組んだのは、採用力強化に向けた採用戦略の策定でした。

　具体的には、第1章で述べたＡＩＳＡＳモデルを用いて、同社の採用活動の総点検を行ない、現状の問題点や採用課題の洗い出しと今後の採用力強化方針および重点施策の策定を行ないました。

　同社では、いままでにさまざまな採用媒体・手法を用いて人材募集を行なっていましたが、募集をしても応募が来ないなど、思うような成果を上げられていませんでした。

　そこで、採用媒体の表示回数・ＰＶ数やクリック数・クリック率、面接の合格率や辞退率等の観点・チェックポイントをもとに「求職者が企業に応募するに至るまでの行動」を分析しました。そして、求職者がどこで離脱しているのかを特定し、採用活動上の問題点を

可視化するとともに、求職者における応募から入社までのステップアップ率を高めるための採用課題を設定しました。

ターゲットに適した採用媒体の選定

次に取り組んだのは、競合他社や求める人材を踏まえた、適切な媒体の選定です。世の中にはさまざまな採用媒体が存在しますが、「若手人材に強い」「地方採用に強い」「マネジメント人材に強い」など、各媒体の強み・特徴は異なります。

そのため、競合他社が活用している媒体や各媒体の強み・特徴を踏まえて、ターゲットごとに適した採用媒体を選定、ターゲットの発見率を高めました。

自社の魅力・強みが伝わる求人原稿の作成

次に求職者への興味喚起を促すために、自社の魅力・強みが伝わる求人原稿の作成を行ないました。求人原稿の作成時には、各部門の社員をピックアップしたうえで、「自社の魅力・強みに関する社員アンケート」を実施し、社員目線での魅力・強みの洗い出しを行ないました。

同時に、採用ターゲットとなるメーカー就業者や20代の若手人材に関する調査データをもとに、求職者の就職観や転職先の選定基準等を把握し、求人原稿にどのような魅力・強みを打ち出すべきかを洗い出すことで、採用ターゲットにとって、より魅力的な求人原稿を作成しました。

自社独自の採用サイトは必須！

多くの中小企業では「毎年数名しか採用しないので、ウチには採

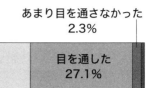

|図4-1|採用ホームページの閲覧度合い

あまり目を通さなかった
2.3%

| かなり目を通した 69.7% | 目を通した 27.1% | |

まったく目を通さなかった
0.9%

※㈱ディスコ『キャリタス就活2023　2023卒　採用ホームページに関する調査』より作成

用サイトは不要だ」と考えているように感じます。

　しかし、採用サイトはいまや採用活動における必須ツールです。

　なぜそう言い切れるのかというと、新卒・中途ともに、採用サイトの需要が高くなっており、またその需要は昨今の採用オンライン化に伴って、より増しているからです。

　調査データをいくつか見てみましょう。図4-1は㈱ディスコが学生に対して行なった調査です。学生に採用サイトの閲覧度合いを聞いたところ、実に96.8％の学生が採用サイトを閲覧したと回答しています。特に、69.7％の学生は「かなり目を通した」と回答するなど、就職活動において採用サイトを重要視していることがわかります。

　また、中途採用でも同様の傾向が見られます。次ページ図4-2は中途の求職者が転職活動をする際に、どこの情報を参考にしていたかを表わした調査データです。ご覧のとおり、中途の場合は企業の公式ＨＰと採用サイトを中心に志望企業を選定している傾向が見て取れます。

　以上の結果から、新卒採用でも中途採用でも、いくら求人原稿を魅力的にし、あるいは積極的に採用活動を行なっても、採用サイト

|図4-2|転職活動時の参考情報

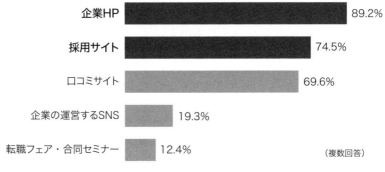

企業HP	89.2%
採用サイト	74.5%
口コミサイト	69.6%
企業の運営するSNS	19.3%
転職フェア・合同セミナー	12.4%

（複数回答）

※エン・ジャパン㈱　月刊『人事のミカタ』（2020年4月）より作成

を通じた情報発信を行なわないと、応募増にはつながらないといえます。

　同社の場合、採用サイトはありましたが「募集要項」のみ掲載されており、仕事内容や社風・社員の人柄等の求職者が欲しい情報が掲載されていませんでした。そのため、新しく採用サイト制作にも着手し、採用サイトを閲覧した求職者のさらなる興味喚起を図り、応募増を図りました。

自社独自の面接評価シートの作成と面接官のスキルアップ

　最後に、面接力の強化を行ないました。

　応募が増えたとしても、それが実際の採用につながらなければ意味がありません。

　この売り手市場下で求める人材を採用するためには、求める人材にとって魅力的に思えるように、自社の魅力を伝えることと、求める人材が自社を選んでくれるように「動機づける力」を強化する必要があります。

第4章 ▼ 自社にとって最も効果的な採用の進め方

そのため面接官向けの研修を実施し、中小企業における面接官の役割や面接の進め方・ポイントを共有しました。

　また、面接官の違いによる合否基準のズレ防止のため、面接評価シートを作成し、合否基準の言語化・すり合わせを行ないました。

　これにより辞退率を下げることができました。

　以上の取り組みを通じて、同社では20～30代の応募が皆無であった状況から、半年間で20～30代の若手人材を10名採用し、その後も、継続的な若手人材の採用に成功しています。また、ムダのない採用活動を通じて、１人当たり採用単価を約10万円に大幅減少させることができました。

採用成功企業の共通点②
高学歴・理系学生4名の新卒採用に成功

　続いては、自社オリジナルのインターンシップを通じて、難関大学や大学院生をはじめとした高学歴の学生や機械・電気・電子系といった採用難である理系学生を４名採用した中小企業の事例です。

　メーカーである同社は、売り手市場化と理系学生の争奪の激化により、ターゲットとなる学生の採用に苦戦していました。そのためDMやスカウトメールの活用など、時間・コストをかけて母集団の形成を試みるも、大きな成果は得られませんでした。

　また、昨今の採用のオンライン化によって学生における会社理解不足や動機づけ不足が発生し、面接・内定辞退も相次いでいました。そこで同社では、採用力強化に向けて、おもに以下の取り組みを実施しました。

インターンシップの課題を洗い出す

　前節の事例と同じく、まず取り組んだのは採用力強化に向けた採用戦略の策定でした。具体的には、同社の採用活動の総点検を行ない、現状の問題点や採用課題の洗い出しと今後の採用力強化方針および重点施策を策定しました。

　これにより、他社と比べて採用活動のスタート時期が遅く、求める人材の獲得競争に乗り遅れていたことや、求人原稿経由での直応募ではなく、特にスカウトメール経由からの応募が多いこと、インターンシップを実施しているものの、その後の面接母集団にはつながっておらず、インターンシップの効果が低いことがわかりました。

自社の魅力・強みが伝わるインターンシップを設計

　上記の問題点を踏まえ、同社ではインターンシップを主軸とした早期採用の実施にシフトしました。

　また、採用活動における最重要課題を「インターンシップの強化」とし、自社の魅力・強みが伝わるインターンシップを設計しました。

　インターンシップとは、企業が学生に対して提供する就業体験のことで、多くの企業では大学３年生の夏休みから冬休みにかけて実施しています。

　インターンシップは、学生にとっては「仕事体験を通じて、入社後のイメージがしやすくなる（入社前後のギャップが少なくなる）」ことや「自己成長につながる」、「早期に企業との接点ができることで自身の就職先候補を見つけることができる」などのメリットがあります。

　一方、企業にとっては「多くの学生と早期に出会うことができる」「仕事体験を通じて、自社の魅力・強みを体感してもらうことができる」「優秀な学生を一本釣りで獲得することができる」などのメリットがあります。

　最近では中小企業がインターンシップを実施するケースも増えていますが、採用活動にコスト・時間的な制限がある中小企業は、大手企業と比較して実施率はまだまだ高くありません。

　しかし、いまの学生は採用説明会ではなくインターンシップを通じて、自身の就職先を選定しているため、いまや**採用活動における主戦場**と言っても過言ではありません。

　同社では、「インターンシップを通じた技術開発職の早期採用」を目的として、機電系の学生をターゲットにオンラインのインター

ンシップを設計しました。

　内容は、同社の事業分野をテーマとした製品開発について、グループワークとプレゼンテーションを行なうというもので、学生の発表内容に対して社内外で活躍する若手の技術職社員が、専門家目線でフィードバックと実例をもとにした解説を加えました。

　その結果、製品開発の面白さや難しさを体感してもらえただけでなく、同社の技術力の高さや製品開発への情熱などのアピールに成功。学生にとっても満足度の高いインターンシップとなり、参加した学生のうち4名の学生の採用につながりました。

理系学生の入社意欲を高める面接官の育成

　最後に同社が取り組んだのは面接官の育成です。採用難である理系学生は多くの企業から声をかけられるため、自社に呼び込むのは至難の業といえるでしょう。

　そのため面接官の役割である「動機づけ」を強化するべく、面接官向けの研修を実施しました。

　研修では、理系学生の就職観や企業選択のポイントをもとに、**面接時に訴求すべき魅力・強みを洗い出し、それがしっかりと伝わるようにエピソードトークを作成**しました。

　また、面接のロールプレイングを通じて学生の動機づけの仕方について学び、面接官のスキルアップを図りました。

　結果として、面接・内定辞退が年々増加傾向にあった同社で、ほとんど離脱者を発生させることなく、スムーズに面接活動を進めることができました。

人材採用に成功している
中小企業の成功要因

　ここまで、人材採用に成功している2社の事例をご紹介しましたが、人材採用に成功した要因としては以下の点が挙げられます。

要因①時間とコストのかけ方にメリハリのある採用活動

　中小企業が採用活動に失敗する原因として「採用活動が定型化している」ことが挙げられます。つまり、時流に沿った採用活動となっておらず、時間や費用を投資すべきタイミングを逃してしまっているのです。

　多くの中小企業では採用活動に投資できる予算が少なく、また専任の担当者がいない企業が多いため十分な時間・コストを使って採用活動を行なうことは難しいでしょう。

　だからこそ、市場動向や求職者・学生の動向をもとに力の入れどころを把握し、メリハリをつけながら採用活動を推進することが重要です。

　先述の成功事例2社も時間・コストに制約がある中小企業です。

　しかし、「自社の勝ちパターンを確立することで、採用活動におけるムダは省く」「インターンシップをフル活用して求める人材を獲得する」など、勘所を押さえた採用活動を実施したことで成功を収めました。

要因②自社の具体的な魅力・強みをアピール

　中小企業には「若手の時期から第一線で活躍できる」「社風がよく働きやすい」「年齢や勤続年数を問わず、実力があれば早期に出世できる」など、大企業にはない数多くの魅力があります。

　にもかかわらず、採用活動に苦戦している中小企業が多いのはなぜでしょう。

　それは「魅力が求人原稿や面接等を通じて求職者・学生に伝わっていない」ことにあります。

　つまり、「中小企業への就職を考える求職者・学生がいない」のではなく、「そもそも求職者・学生に自社の魅力・強みを情報発信できていないから、求職者・学生に知られていない（認知されていない）」のであって、それが根本的な原因なのです。

　私が弊社の新卒採用活動の責任者として採用活動を推進していたときの話です。採用説明会を実施した際、出席した学生に「皆さんが知っている企業名をできる限り書き出してみてください」と依頼したことがあります。

　当日は多くの学生が参加していましたが、一番多く企業名を書き出せた学生でも25〜30社程度であり、そのほとんどが有名企業・大手企業ばかりでした。

　本人に聞いてみると「中小企業は出会いの場が少ない、また採用媒体等に掲載されている情報が少ないため興味を持ちにくい」とのことでした。

　たしかに給与や休日数、残業時間といった労働条件では、中小企業は大手企業に劣ることは事実でしょう。

しかし、単純に求職者・学生に自社を認知させていないことが、採用に苦戦する理由だとすれば、認知させることに力を注げばよいのですから、まだまだチャンスはあります。

実際に、本章で紹介した成功事例2社は、自社の魅力・強みをもとに求人原稿の作成や採用サイトの制作、インターンシップを実施し、求職者や学生にしっかりと自社の魅力・強みを情報発信したことで、応募増や人材の獲得に成功しています。

要因③全社を巻き込んで採用活動を展開

多くの中小企業では人材採用の専任担当はおらず、他業務と兼任で活動していることが多いため、採用活動において「やりたくても手が回らない」というケースが多く発生します。

しかし、現下の売り手市場では、採用PDCAを着実に回し、求める人材の獲得に向けて積極的に採用活動を展開する必要があります。

そのため、人材採用を会社の最重要課題と捉え、経営者自らが先陣を切って全社員に協力を仰ぎ、全社的な取り組みとして採用活動を展開することが重要です。

先述の人材採用に成功した2社は、**採用プロジェクトに経営者が入り、採用活動における総責任者として採用PDCAを回しました**。

そうすることで、全社を巻き込みやすくなり、結果として採用活動をスムーズに展開することができます。

上記の成功要因を踏まえると、いきなり求人原稿の作成や面接手法の見直し等の具体策に着手するのではなく、次ページ図4−3のとおり、まずは採用戦略や自社の魅力・強みの言語化を図ることや、採用活動をスムーズに遂行するための採用活動計画および採用チー

|図4−3|採用活動フロー図

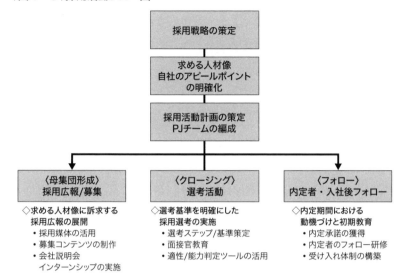

ムの編成を行なうことが重要であることがわかります。

　次節以降は、この図4−3の手順に沿って採用活動を進めるためのポイントや事例について紹介します。

自社に最適な
採用活動の進め方

採用活動を成功に導く4つのフロー

　自社にとって、最も効果的な採用を行なうための第一歩は、先述した「採用方針・戦略」の策定です。具体的には、以下図4-4に記した4つのフローに沿って策定してください。

|図4-4|採用戦略策定フロー図

Step1 企業ビジョン 採用目標人数の 設定	Step2 採用上の問題点と 課題の洗い出し	Step3 採用力強化方針 重点課題の設定	Step4 採用KPI 推進スケジュールの 策定
▶企業ビジョンに関するヒアリング ▶部門・年齢別における将来の人員予測	▶AISASフレームに沿った採用活動上の問題点と採用課題の洗い出し	▶採用課題解決に向けた採用力強化方針および重点課題の検討	▶採用KPIおよび重点課題の推進スケジュールの策定

Step1　自社の採用活動の総点検を行ない、「採用方針・戦略」を策定する

　上図のうち、「企業ビジョン・採用目標人数の設定」は第2章（84ページ以降参照）で、「採用KPI」は第1章（36ページ参照）で述べましたので、ここでは「採用上の問題点と課題の洗い出し」と「採用力強化方針と重点課題の設定」について事例を交えて紹介していきます。

●若手が採れない原因を特定・解決したH社

地方の中小企業であるH社では、近隣地域の過疎化に伴い、20〜30代の若手人材からの募集が年々減少していました。そこで同社は、若手人材からの応募を増やすべく、複数の採用媒体や人材紹介会社を活用するなど、さまざまな採用手法を試していました。

しかし、年々コストが膨らむばかりで思うような成果を得ることはできませんでした。

そこで、ＡＩＳＡＳフレーム（35ページ参照）を使って、現状の採用活動を総点検し、採用課題の設定および若手人材の採用に向けた今後の採用方針・戦略の策定を行ないました。

まず、採用活動上の課題の洗い出しを行ないました。

具体的には、現状使用している各採用媒体のＰＶ数やクリック率、応募人数や応募者の属性（年齢・居住地、業種・職種など）の洗い出し、採用媒体・求人原稿の効果性分析、面接の合格率や辞退率、面接手法や合否基準の分析・ヒアリングなどを行ないました。

その結果、いずれの媒体も、ＰＶやクリック率が低く、応募者の多くが未経験で50代以上の人であることがわかりました。

その理由は、求人原稿の情報が若手人材にとって魅力的な内容となっていなかったことにありました。

また、面接後の辞退率が高い原因として、面接官によって面接の合否基準や面接の進め方が異なることや、見極め重視のやや高圧的な面接にあることがわかりました。

その根本原因には、採用活動を総務部門が兼任で行なっているため、採用活動に時間を割くことができず、「とりあえず採用活動するだけ」という状況にあることが挙げられました。

|図4－5｜採用活動における現状と問題点（H社）

	現状	問題点
Attention （認知）	✓求人媒体は、○○、○○、○○を使用	✓媒体の効果性が低く、自社の求める人材とマッチしていない（未経験、高年齢の応募が多い）
Interest （興味）	✓自社の求める人材からの応募が少ない	✓求人原稿に、ターゲット（中途/職種）に即した自社の魅力・強みや具体的な仕事内容等が書かれていない
Search （探索）	✓口コミサイトに○件の投稿があり、評価点は「○○」 ✓採用ＨＰはある	✓口コミの定期更新がなされていない ✓口コミの投稿数が少ない ✓採用ＨＰにモデル給与や１日の流れ等、必要な情報が掲載されていない
Action （行動）	✓面接は１回（会社見学＋面接） ✓面接率は□□％。辞退率は□□％	✓見極めに適した面接内容になっていない ✓採否基準・見極め基準にバラつきがある
Share （共有その他）	✓リファラル採用を過去に実施し、一定の効果あり ✓採用活動は欠員が出た際に、場当たり的に実施している	✓計画的な採用活動を実施するための社内体制が整備されていない

　以上のように、現状の採用活動について、定量的・定性的な分析・ヒアリングを行ない、問題点を洗い出すことで「なぜ若手人材からの応募が少ないのか？　採用できないのか」について整理しました。

　採用活動上の問題点が抽出できたところで、若手人材の採用を実現するための課題設定を行ないます。

　同社の場合、「若手人材を採用する適切な採用媒体の選定」「若手人材にとって魅力的な求人原稿の作成」「面接評価シートの作成」「面接官トレーニングで合否基準のすり合わせおよび面接力の強化」「採用活動の推進体制の構築」などが課題として挙がりました。

　最後に、若手人材の獲得に向けた今後の採用方針・戦略を策定しました。

　同社は、先述のとおり採用活動を推進するための体制が整備されていないうえに、若手人材に適した媒体選定・求人原稿となってい

|図4-6|採用課題のまとめ（H社）

	採用課題	具体策
Attention （認知）	✓ 競合他社や求める人材を踏まえた適切な媒体の選定	✓ ●●職・〇〇職：■■/△△（年齢重視） ✓ 〇〇職・●●職：□□（スキル重視）
Interest （興味）	✓ 求人原稿のブラッシュアップ	✓ 社内アンケートで自社の魅力・強みを収集し、「仕事内容」「仕事の流れ」「求める人材」「魅力・強み」などを言語化し、属性・職種別の求人原稿を作成
Search （探索）	✓ 採用HPのブラッシュアップ ✓ 複数の口コミサイトのテコ入れ	✓「各職種の仕事内容」「求職者向けのメッセージ」「教育体系・福利厚生」「求人要項」「インフォグラフィックス」を追加 ✓ 口コミサイトの定期更新の実施
Action （行動）	✓ 面接評価シート（中途用）の作成 ✓ 面接官スキルの強化	✓ 見極め基準・質問事項の策定 ✓ 面接官トレーニングの実施
Share （共有）	✓ 職種限定のリファラル採用の実施 ✓ 採用活動推進体制の確立	✓ ●●職採用をターゲットとして、期間・賞金等のルールを決めて実施 ✓ 採用活動のＰＪ化およびＰＤＣＡ管理の徹底

ないことなどが問題であったため、今後の採用力強化方針を「社内体制の整備およびターゲットに応じた採用活動の展開」と設定しました。

優先的に解決すべき課題としては、「採用チームの編成および採用活動計画の立案・推進」、「ターゲットに適した採用手段・媒体の選定および原稿の作成」などを設定しました。

最終的には「採用力強化方針書」という1つの冊子としてまとめ上げることで、今後自社が採用力強化に向けて取り組むべきことを明文化し、それを指針として採用活動を推進しました。

結果、同社では、1年間で20～30代の若手や大卒・高卒を計15名採用。自社なりの勝ちパターン（＝採用戦略）が確立できたことで、その後も人材が必要な際は安定的に採用ができています。

|図4－7|採用力強化方針と重点施策（H社）

採用力強化方針

社内体制の整備およびターゲットに応じた採用活動の展開

重点施策

- ■ 採用チームの組成および採用活動計画の立案・推進
- ■ ターゲットに適した採用手段・媒体の選定および原稿の作成
- ■ 採用HP、口コミサイトのテコ入れ・強化
- ■ 採用面接のブラッシュアップ（面接内容の見直し・面接官スキルの強化）

●AISASフレームを活用してコスト・時間にムダのない新卒採用活動を実現したＩ社

　全国に拠点を持つ中小メーカーであるＩ社では、かねてより新卒採用を中心とした人材採用を行なっており、毎年20名弱の新卒を採用していました。しかし、昨今の売り手市場の進行に伴って年々採用人数が減少し、目標人数を下回ることが増えていました。

　そこで同社は「リクナビ」「マイナビ」などの採用媒体をフル活用、全国の合同説明会へ積極的に出展したり、DMやスカウトメールを配信しましたが、潤沢な母集団は形成できたものの、採用目標人数を採用することはできない状況が続いていました。

　そこで、H社と同じく、現状の採用活動の総点検を通じた採用課題の設定および今後の採用方針・戦略の策定を行ないました。

　まず、問題点の洗い出しを行ないました。

　具体的には、各採用媒体のＰＶ数やクリック率、応募者の人数や属性（年齢・居住地、業種・職種など）を洗い出し、採用媒体・求人原稿の効果性分析および面接の合格率や辞退率、面接手法や合否

| 図4-8 | 採用活動における現状と問題点（I社）

	現状	問題点
Attention （認知）	▶媒体は計４つを活用。 ▶○万人以上のエントリーがあり、□名の採用人数に対して潤沢な母集団を形成できている。 ▶媒体・イベントに係る費用は年間約○○万円。 ▶媒体が多いため管理が煩雑となっている。	▶媒体が多く、各媒体の強み・機能等を活用できていない。 ▶媒体の管理が属人的かつ煩雑であるため、採用活動や学生のフォローに時間を割けていない。 ▶媒体・イベントにかかるコストが高い ※大卒の平均採用単価＝93.6万円（リクルート「就職白書2020」より）
Interest （興味）	▶媒体によって母集団形成力（質・量）、応募・採用単価が大きく異なっている。	▶各媒体の効果性を検証できていない。 →各媒体の効果性を検証し、問題点を洗い出したうえで、媒体の見直し・選定を行なう ▶求める人材と各媒体、求人原稿のミスマッチが生じており、母集団における質の悪化を招いている。
Search （探索）	▶採用サイトはあり、コンテンツも概ね充実している。 ▶口コミの平均点は、以下のとおり。 △△：○○点/ △△：○○点	▶採用サイトに、学生が知りたい情報が一部不足している。 →社長・社員の声（インタビュー動画）・キャリアパス等 ▶他社との差別化に向け、評判アップを図る必要がある。

基準の分析・ヒアリングを実施。

　その結果、同社が活用していた４つの媒体の中で、母集団の「質」「量」に大きなバラつきがあることや、インターンシップや採用説明会等のイベントで自社の魅力・強みが伝わっていないこと、イベント参加から面接までの導線が長く、面接途中に辞退する学生が多いことなどが挙げられました。

　これらの根本原因として、そもそも活用している採用媒体の数が多く、各媒体の強み・機能等を活用できていないこと、媒体の管理が属人的で煩雑なため、採用活動や学生のフォローに時間を割けていないことが挙げられました。

　以上のように、現状の採用活動について、定量的・定性的な分析・

|図4-9| 採用活動における現状と問題点（I社）

	採用課題
Attention （認知）	▶自社に適した媒体の選定・活用 ●媒体の効果性を検証し、採用成果の高い媒体に絞り込む。 ●同時に、他媒体の導入検討を行なう。
Interest （興味）	●採用原稿の見直しを行ない、母集団の質を強化する。 　→質の高い母集団を形成し、学生のフォローに注力する ▶採用コストの適正化 ●上記を通じて採用コストの削減・適正化を図る
Search （探索）	▶採用サイトのブラッシュアップ ●社長・社員の声を追加掲載し「誰と働くか」を具体化。 ●キャリアパスと教育体系を図式で掲載し、入社後の成長イメージを具体化。 ▶口コミサイトのテコ入れ（若手社員を中心とした口コミ投稿）

　ヒアリングを行なった結果、最大の問題点として、複数媒体の活用や年数十回にわたる合同説明会への出展等、採用担当者のキャパシティーを超える採用活動を推進したことや、より重要な学生への個別対応や求める人材へのフォローを疎かにしていたことが明らかになりました。

　また、インターンシップや採用説明会等のイベントの実施が、**新卒採用を成功させるための手段から目的に変わり、「ただこなすだけ」**になっていたことがわかりました。

　採用活動上の問題点を抽出できたら、現状の問題点を解決するための課題設定を行ないます。

　同社の場合、「採用媒体の効果性検証結果を踏まえた媒体の絞り込み」「求める人材の採用につながるインターンシップの設計・実施」「面接フローの見直しおよび面接母集団の質強化」などが課題として挙がりました。

　最後に、若手人材の採用に向けた今後の採用方針・戦略を策定します。

　同社は、前述のとおり採用担当者のキャパシティを超える採用活

|図4-10|採用力強化方針と重点施策（I社）

採用力強化方針

母集団の「質」を高め、効率的・効果的な採用活動を実現する

重点施策

▶媒体の効果性検証を通じた、自社に適した媒体の選定・活用
▶採用活動スケジュール・採用KPIをもとにした採用PDCAの推進
▶採用ブランディングの推進（採用サイト・口コミのブラッシュアップ）
▶自社の魅力・強みが伝わるオンラインインターンの設計
▶求める人材を採用するための選考フロー・手法の確立

動を推進していたことで、潤沢な母集団が形成できた一方、新卒採用活動において重要な学生への個別対応や求める人材のフォローが疎かになっていたことが問題でした。

　そのため、今後の採用活動を行なう際の採用力強化方針を、「母集団の『質』を高め、効率的・効果的な採用活動を実現する」と設定し、それを実現するため優先的に解決すべき課題を、「媒体の効果性検証と自社に適した媒体の選定・活用」、「自社の魅力・強みが伝わるオンラインインターンシップの設計」、「求める人材を採用するための面接フロー・手法の確立」と設定しました。

　同社も「採用力強化方針書」をつくり、それを指針として効果的な媒体のみを活用、合同説明会への出展回数の削減によって採用担当者の負担軽減を図りました。

　同時に、これまで疎かだった学生フォローを強化、インターンシップ・採用説明会等の自社イベントを強化しました。結果、インターンシップルートでの早期採用を実現するなど、目標人数どおりの

採用ができました。

Step2　自社のアピールポイントを明確化する

　次に、採用活動を通じて求職者にアピールすべき、自社の魅力・
強みを明確化する方法について、2社の事例を交えて紹介します。

●「4つのP」をもとに自社の強み・魅力を具体化したJ社

　地方の専門商社であるJ社では、社員の高齢化に伴い、若手人材
の獲得が最重要課題となっており、ハローワーク等を中心に募集を
かけてもまったく応募がない状況でした。

　また、その原因として求人票の内容が給与や労働条件等の必要最
小限の情報だけであり、求職者にとっての働くメリット（自社の魅
力・強み）に関する情報がなかったことが挙げられました。そこで、
若手人材からの応募獲得に向け、第1章で紹介した「採用版4Pフ
レーム」（41ページ参照）を用いて、自社の魅力・強みの洗い出し
を行ないました。

　同社では、まず社員がどのような魅力・強みを感じて働いている
のかを洗い出すために、社員に対して「採用版4Pフレーム」をも
とにしたヒアリングを行ないました。

　経営者や幹部社員も同様に、多面的な自社の魅力・強みの洗い出
しを行ないました。その結果、次ページ図4−11のとおり多くの魅
力・強みが挙げられました。

　自社の魅力・強みの洗い出しが完了した後は、その中で求める人
材にとって魅力と思えるものを選定し、求人票に記載するために言
語化を図りました。

　同社では、「企業理念に共感している」「自己成長意欲が高い」「相

|図4-11|自社の魅力・強み洗い出しシート（J社）

■Philosophy：理念やビジョン、戦略や目標に関する魅力・強み

社員名	自社の魅力・強み
社長	経営理念に共感し、日々成長しようという意欲のある社員が多い
薬師寺部長	社会の発展に欠かせないインフラに携わり、生活向上を陰から支えているという誇りを持って仕事に当たっている
土田部長	お客様のお役に立つことで自社も社会も豊かになっていくことを念頭に置き仕事をしている（三方よし）
宇都宮課長	自分よし、相手よし、世間よしの三方よしの考えを持ち、経営理念や社訓が浸透している
有吉課長	常に己を進化、成長させ将来の夢へ向けて全力で走り続ける集団を目指しており、それに社員が共感している
田中課長	ライフラインである「電気」を陰ながら支える企業として、長い歴史を持っている

■Profession：事業や商品・サービス、仕事や自社のミッションに関する魅力・強み

社員名	自社の魅力・強み
社長	仕事のある所へ赴き、お客様の役に立つことを実践し、お客様からの信頼を得ている
薬師寺部長	業界特化型の営業体制で、お客様からの要望を超えるスピード納品でお客様からの信頼を得ている
	お客様との長いお付き合いがあり、良好な関係を構築できているため、業績が安定している
土田部長	取り扱い商材が幅広く、さまざまなお客様のニーズにワンストップで対応できる
	各営業パーソンが、自身の強みを活かした独自の販売スタイルを持っており、営業力が高い
宇都宮課長	取り扱い商材は多岐にわたるものの、わかりやすいものが多く非常に覚えやすい
	商品の配達時にお客様からの「ありがとう」が励みになることが多々ある
有吉課長	単純な作業で奥が深く、仕事に飽きない。また知識だけでなく、自分の人間性まで磨くことができる
	お客様から感謝の言葉をもらうことが多く、それが自分の成長、励み、やりがいにつながる
田中課長	幅広い商品知識が身に付くだけでなく、新商品案内や季節商材など、各メーカーの最新情報を知ることができる
	担当がはっきりしているので、仕事において責任感を強く感じ、やりがいを感じやすい
	毎月営業所ごとの成績が報告され、他に負けないよう切磋琢磨でき自分も成長できる

■People：社風や社員の人柄、人間関係に関する魅力・強み

社員名	自社の魅力・強み
社長	社員同士の仲がよく、仲間意識が強い
	社員の意見に耳を傾ける上司が多く、社員にとって上司に相談しやすい体制になっている
薬師寺部長	社員は皆年齢がほどほどに近いこともあり、親戚付き合いや兄弟のような付き合いが多いように感じる
	基本的に新しい人を受け入れる組織体質があるため、なじみやすい
土田部長	ベテラン社員は優しいなかに厳しさもあり、個々の感性とスピードで人間成長がそれぞれ仕事に活かされている
	営業所が違っていても先輩後輩関係なく話をしたり、助け合ったりといったことができる
宇都宮課長	頑張る人には必ず先輩がサポートしてくれる
	各個人の個性を尊重してくれるため、得意分野を生かし自分流の仕事ができる
有吉課長	プライベートでの活動においても応援してくれる
	普段会うことのない別の営業所の先輩でも質問には丁寧に答えてくれアドバイスもくれる
田中課長	フレンドリーな社員も多く風通しがよいが、かといって過度な干渉もなく適度な距離感を保つことができる
	部下・後輩想いの上司・先輩社員が多く、安心して働くことができる

■Privilege：施設や職場環境、制度や待遇面に関する魅力・強み

社員名	自社の魅力・強み
社長	人事制度の構築によって自身の将来図が描きやすく、昇進・昇給への目標が明確化している
薬師寺部長	毎年社員旅行を開催しており、普段会えない同僚と交流を深めることができる
	すでに訪問先とは人間関係が構築できていることが多いので、営業活動は行ないやすい
土田部長	評価制度が確立されており、社員の頑張りや会社への貢献度合いに応じて、適切に処遇される
	営業には営業車、携帯電話、ＰＣが与えられるなど、営業活動が行ないやすい環境が整備されている
宇都宮課長	年一度の社員旅行などで集まれたとき、お互いを労いながら和気あいあいと楽しむことができる
有吉課長	人事制度を通じて、自身の位置がはっきり見えるので次のステップへの目標を明確に立てることができる
	社員旅行で海外に行ける
田中課長	営業成績や実績により公平に評価されているので、自己を高めるためのモチベーションにつながる

Philosophy【理念】	活躍の場は日本全国！「○○○」を基本理念に、大きな裁量権を持って自分の夢・目標に向かって走り続ける少数精鋭部隊
	顧客開拓から商品の仕入れ・発注まですべて行なうため、自分の頑張りが「売上」として目に見えてわかり、やりがいがある
	「□□□」という理念のもと、社員の夢・目標へ向けた挑戦を後押しする社風がある
Profession【仕事・事業】	未経験者でも安心！　長いお付き合いのあるお客様へのルート営業を通じて仕事のスキルだけでなく、自身の人間力を高めることができる
	商材の種類は多いが覚えやすい。また信頼関係のある顧客へのルート営業がメインで、未経験者でも営業しやすい
	顧客とは長い付き合いになることが多いため、よく知る顧客へのお役立ちを通じて、人間としての力も向上できる
People【人】	「△△△」という考えのもと、新たな仲間を歓迎し、個性を尊重しながら仲間の夢や目標を全力でサポートする、教育熱心な社員ばかり！
	少数精鋭部隊である当社の社員は家族のように仲がよく、また新たな仲間も歓迎するため、組織に馴染みやすい
	各個人の個性を尊重し、切磋琢磨しながら仲間の夢や目標の実現に向けて全力でサポートする社員が多い
Privilege【特権】	頑張ったら頑張ったぶんだけ給与アップ！　シンプルで公正公平な人事評価により、「何ができたらよいのか」「できたらどうなるのか」がわかりやすく、将来像が描きやすい！
	当社の人事評価制度は、「何ができればよいのか「できたらどうなるのか」が明確で、将来像が描きやすい
	営業成績だけでなく営業活動のプロセス面も評価するため、頑張ったぶんだけ給与が上がり、モチベーションもアップ！

手志向がある」などが求める人材像として設定されていたため、求人票に記載すべき自社の魅力・強みを、図4−12のように言語化しました。

　トップが自らの言葉で自社の魅力を語ることは非常に重要です。同社では求人票に記載するだけでなく、トップ（経営者）自らが合同説明会の場で自社の魅力・強みをもとに自社の説明を行なったり、面接の場で言語化した自社の魅力・強みを再度説明するなど、若手人材の獲得に向けて、自社の魅力・強みを最大限活用しました。

　その結果、20代の第二新卒や30代の若手人材を計4名採用するこ

とができました。

●社員アンケートを通じて、多面的に自社の魅力・強みを洗い出し、
　求人原稿や採用面接時のエピソードトークに活用したＫ社
　地方の中小企業であるＫ社では、Ｊ社と同じく若手人材の獲得に
苦戦していました。

　その原因として、求人原稿に記載している自社の魅力・強みが総
花的かつ不鮮明で、他社との差別化も図れていないことがありまし
た。

　そこで、若手人材の獲得に向け、自社の魅力・強みの洗い出しお
よび言語化に着手しました。

　複数の職種で人材募集をしていた同社では、会社共通の魅力・強
みと職種別の魅力・強みをそれぞれ洗い出すため、若手社員を対象
とした自社の魅力・強みアンケートを実施しました（次ページ図４
－13）。

　その結果、179ページ図４－14のとおり、多くの魅力・強みが挙
げられました。

　そして、同社では求人原稿の中に「社員の声」という項目を設け、
今回収集した社員アンケートの中から、若手人材にとって魅力と思
える内容をダイレクトに示すようにしました。

　これにより、独自性の高い自社の魅力・強みに絞った重点的なＰ
Ｒができると同時に、魅力・強みの具体性を高めたことで、求職者
の興味喚起を促すことができ、20～30代の若手人材からの応募数を
増やすことができました。

　また、同社では明確化した自社の魅力・強みを、採用面接で求職
者に伝えるエピソードトークとして活用しました。

|図4-13|自社の魅力・強みに関するアンケート（K社）

【中途用】採用USPリサーチアンケート（無記名）

部署名：＿＿＿＿＿＿＿＿

No.	質問	回答
1	どの媒体・ルートから応募しましたか？	
2	前職は、どのような仕事をしていましたか？	
3	転職活動中の、企業選択の軸（勤務地・仕事・年収・働きがい等）を教えてください	
4	当社への応募に際して興味を持った点は何ですか？	
5	当社以外に、どのような業界・企業へ応募していましたか？	
6	差し支えなければ、比較検討していた企業を教えてください。	
7	当社への入社の決め手は何ですか？	
8	採用面接時における当社の印象を教えてください。	
9	いま行なっている仕事内容を教えてください。	
10	なぜ、この仕事を選んだのですか？	
11	この仕事特有の面白さ・やりがいを教えてください。	
12	仕事の面白さ・やりがいを感じたエピソードを教えてください。	
13	仮に知り合いに当社を勧める際、どのような点をアピールしたいですか？	
14	会社（職場）の好きなところはどこですか？	
15	会社（職場）がもっとこうなればよいのに、と思うところはどこですか？	
16	職場の雰囲気を一言で言うと？　また、それはなぜですか？	
17	どのような人材に入社して欲しいですか？	
18	上司はどんな人ですか？	
19	この会社（職場）で働いてよかった点は何ですか？	
20	働いて最もつらかった・大変だったことは何ですか？	
21	働いて最もうれしかったことは何ですか？	
22	どのような手段で出勤していますか？（自家用車、電車、バスなど）	

ご協力ありがとうございました

|図4-14|自社の魅力・強みまとめ（K社）

順位	内容	社員の声　※一部抜粋
1位	社風・社員の人柄	田舎特有のアットホームな職場環境/プライベートでも仲のよい人がいる 優しい人が多く人情味を感じる/周囲から声を掛けてくれることが多い
2位	福利厚生	昼食が安くて美味しい/近隣施設を割引料金で利用可/社員旅行が豪華 イベントが多く、盛り上がる（夏祭りなど）
3位	成長環境	他社では経験できない仕事があり、成長できる/成長機会を与えてくれる 多くの製品・機械があり、学びが多い/基礎から丁寧に指導してくれる
4位	働きやすさ	休みの融通が利きやすい/有休が取りやすい 子供の体調不良等に対応してもらえる
5位	事業・仕事内容	○○業界に携わることができる/名のある企業と取引している 大手取引先から品質面で表彰されている/資格が取得しやすい
他	給与	ボーナスが多い/みなしではなく、残業したぶん残業代をもらえる 資格を取得したことで給料が上がった

　この売り手市場下で、数ある企業の中から自社を就職先に選んでもらうためには、当然ながら求職者にとっての就職メリット≒自社の魅力・強みをわかりやすく伝える必要があります。

　そこで重要となるのが、1人ひとりの面接官が自身の体験談等をもとに、自社の魅力・強みが伝わりやすい独自のエピソードを用意しておくことです。

　同社では、面接官向けの研修を通じて、求職者に自社の魅力・強みを伝えるためのエピソードトーク（ネタ）を検討しました。具体的には、洗い出した魅力・強みの中で、面接官自身が特に魅力と感じることを、次ページ図4-15のようなエピソードトークとして言語化を図りました。

　いかなる価値観を持つ求職者が来ても、その人にとって魅力と感

|図4-15|エピソードトーク（K社）

伝えたい魅力・強み	【特権】安心して長く働ける職場環境
おもなエピソード	当社では、社員に安心して長く働いてもらうための職場環境づくりを行なっており、大きく２つの魅力があると考えています。 １つ目は有休の取りやすさです。 当社は完全週休２日制であるため、仕事にメリハリをつけて働くことができます。 また、有給休暇取得率は○○％、平均取得日数が□□日となっており、有休が取りやすく、休みの融通が利きやすい職場となっています。 ２つ目に、福利厚生が充実していることです。 さまざまな福利厚生がありますが、特に会社イベントの豊富さが特徴的です。 たとえば、国内外旅行や花見大会、夏祭りや運動会など、基本的に毎月１回は会社全額負担でイベントを行なっています。 その会社イベントには多くの社員が参加し、積極的に交流を図ることができます。 その結果プライベート面でも仲のよい社員が多く、風通しのよい社風を醸成する大切な機会になっています。 社員には、仕事だけでなくプライベートも充実させてほしいと考えているので、今後もよりよい職場環境づくりを目指していきたいと考えています。

じられる情報を伝えられるよう、自社の魅力・強みを伝えるエピソードトークは、採用版４Ｐに沿って最低４つ用意してもらいました。

　採用面接に関するロールプレイングを通じて、そのエピソードトークを練習し、魅力・強みが正しく伝わるかどうかを求職者役の社員からフィードバックをもらうことで、ブラッシュアップを図りました。

　以上を通じて、いかなる価値観を持つ求職者と面接をしても、その人に合わせたエピソードを伝えることができ、面接・内定辞退率が低下したのです。このように、求職者に伝えるネタや引き出しを増やすことができると、面接を通じた動機づけ力が強化されます。

Step3　採用活動計画を立案し、採用チームを編成する

次に、採用活動計画の立案と採用チームの編成を行ないます。

●見直しと改善が基本動作

採用活動計画については、Step1で策定した「採用力強化方針」をもとに、その実現に向けた実行スケジュールを検討します。

具体的には「誰が推進するのか？」、「いつから・いつまで、何を・どのように取り組むのか？」、「取り組みに際しての費用はいくらか？」などを検討します。

また、時間や労力をかけて立てた採用計画でも、「絵に描いた餅」になっては意味がありません。

適切な進捗管理と定期的な見直しは必ず必要になります。そこで、定期的に採用計画に対する全体の進捗状況の確認や振り返りの時間を設け、必要に応じて計画の見直しや追加施策の検討を行ないましょう。

具体的には、採用計画の進捗管理シートを別途作成し、採用責任者主導のもとで活動内容や進捗状況などをプロジェクトメンバーに記入してもらい、納期どおりに進んでいない場合はメンバーへ催促することで、採用PDCAを回すことができます。

●若手人材の獲得を実現するための効率的・効果的な採用活動計画

Step1で紹介したH社は「若手人材の採用に適切な採用媒体の選定」「若手人材にとって魅力的な求人原稿の作成」「面接評価シートの作成および面接官トレーニングを通じた合否基準のすり合わせおよび面接力の強化」「採用活動の推進体制の構築」などの課題を解決するために次ページ図4−16のような採用活動計画を立案しま

|図4−16|採用活動計画スケジュール

20××年△月における採用ターゲット：計××名　→　■■職（○名）、■■職（○名）、■■職（○…

採用活動計画				20××年 媒体検討・選定 12月				媒体掲載・母集団形成 1月				説明会・面接実施→ 2月		
活動内容	担当	予算	納期	第1週	第2週	第3週	第4週	第1週	第2週	第3週	第4週	第1週	第2週	第3週
ナビ媒体 媒体検討	採用PJ	—	○/○	→	→	→								
媒体選定	採用PJ	—	○/○		→	→								
媒体と契約	○○氏	△△万	○/○				→	→	→					
原稿作成（職種別）	大園	—	○/○					→	→	→	→			
原稿チェック・入稿	○○氏	—	○/○							→	→			
スカウトメール作成	大園	—	○/○					→	→	→	→			
媒体掲載（2か月）	—	—	○/○									→	→	→
スカウト配信	□□氏	△△万	○/○									→	→	→
効果性検証	採用PJ	—	○/○											
実績・改善点まとめ	採用PJ	—	○/○											
ハローワーク ハローワークへ連絡（募集時期など）	××氏	—	○/○		→	→								
求人票の作成	大園	—	○/○											
求人票のチェック・入稿	××氏	—	○/○							→	→			
求人票の公開	—	無料	○/○									→	→	→
説明会・面接の実施	○○氏 □□氏	無料	○/○											
効果性検証	採用PJ	—	○/○											
実績・改善点まとめ	採用PJ	—	○/○											
面接説明会 面接内容の見直し	採用PJ	—	○/○					→	→					
面接シートの作成	大園	—	○/○						→	→	→			
面接トレーニングの実施	大園	—	○/○									→		
説明会・面接の実施	○○氏 □□氏	—	○/○										→	→

・○○職（20〜30代／未経験）を□名
・△△職（40代／経験者）を□名
・××職（20〜30代／未経験）を□名
　　採用する

した。

　立案する過程で、先述したとおり、「誰が推進するのか？」「いつから・いつまで、何を・どのように取り組むのか？」「取り組みに際しての費用はいくらか？」などを言語化、採用業務のタスクブレイクダウンを行ない、採用活動に必要な業務を抜けもれなく計画に落とし込むよう工夫しました。

職（〇名）、■■職（〇名） ※優先順位が高い順

> ・〇〇職(20～30代／未経験)を□名
> ・△△職(40代／経験者)を□名
> ・××職(20～30代／未経験)を□名
> 　　　　　　採用する！

性検証・改善策検討			媒体検討・選定				媒体掲載・母集団形成				説明会・面接実施→内定				効果性検証・改善策検討			
3月			4月				5月				6月				7月			
第2週	第3週	第4週	第1週	第2週	第3週	第4週	第1週	第2週	第3週	第4週	第1週	第2週	第3週	第4週	第1週	第2週	第3週	第4週
			→	→														
			→	→														
					→	→												
					→	→	→	→										
						→	→	→	→									
→	→	→									→	→	→	→	→	→	→	→
→	→	→									→	→	→	→	→	→	→	→
					→	→											→	→
					→	→									→	→		
							→	→										
							→	→	→	→								
→	→	→									→	→	→	→	→	→	→	→
											複数回実施							
					→	→									→	→		
					→	→											→	→
							→	→										
							→	→	→	→								
→	→	→									→	→	→	→	→	→	→	→

　また、各タスクに担当者と納期を設定することで、より採用PD CAが回しやすい計画に仕上げています。

　以上の計画をもとに、毎回の採用プロジェクト会議の場で進捗状況を確認しながら、必要に応じて追加施策を検討・実行し続けたことで、採用活動計画を絵に描いた餅にすることなく、確実に採用活動計画を実行することができました。

● 採用チームの編成

　採用活動に関わるメンバーの人選は、採用活動の成否に大きな影響を及ぼします。それぞれに求められる役割を整理すると次のようになります。

■社長（経営トップ）

　採用活動の総責任者です。採用活動の重要性を社内に認識させるとともに、学生（応募者）との接点にも必ず立ち、説明会での惹きつけや、最終段階での求める人材の説得にあたります。

■採用担当者

　募集から内定者フォローまで、採用活動全般をプロデュースします。説明会や面接において実働部隊の役割も担うことになります。

■面接担当者

　人材の見極めを的確に行なう一方、自社の魅力をしっかりと伝え、学生（応募者）の会社への理解を深めます。

■リクルーター

　学生（応募者）を惹きつけ、自社に親近感を抱かせる役となります。電話・メール等での事務連絡にもあたります。

　ここで重要なのは**トップ自らが採用活動の総責任者を担うこと**です。

　採用活動では、採用説明会や面接をはじめ、多くの社員に協力を求めなければなりません。しかし、多くの中小企業では、「採用説明会で社員と参加者の交流機会を設けたいが、現場社員が協力してくれない」「採用活動の優先順位が低く、面接官の日程調整が難しい」など、社員の協力に苦慮しています。

経営者が自ら採用活動の責任者となることで、全社に採用活動への協力要請を行なうことなどは、スムーズに遂行できます。

　また中小企業では、人材の採否は社長（経営トップ）が最終決定することが圧倒的に多いことも、トップ自らが総責任者を担うべき理由の１つです。

●経営者と部門長を巻き込んでチーム編成したＩ社

　Step１で紹介したＩ社では、図４−17のように経営者や各部門長を巻き込んで採用チームを編成しました。

　同社では採用活動における最終責任者に経営者（トップ）が就き、トップ自らが全社に採用活動への協力要請を行なうことで、よりスムーズに採用活動が推進できるようにしています。

　同時に、いままでは人事部門が担当していた面接も各部門の部門長に依頼することで、採用担当者の負担軽減を図り、各部門長自らが学生に自部門の魅力や働きがいを訴えることで、入社意欲の向上

|図４−17|採用チーム（Ｉ社）

役割	担当	定義
最終責任者	河野社長	● 採用ＰＪの総責任者として、採用予算や採用活動における最終意思決定を行なう
ＰＪリーダー	梶田部長	● 採用ＰＪの成果責任・活動責任者として、ＰＪのマネジメントやメンバーへの指示を行なう
ＰＪメンバー	高田氏 津野氏	● 採用ＰＪの実行推進者として、採用ターゲットの獲得に向けた主体的な活動を行なう
面接担当者	河野社長 川上部長 角田課長	● 人材の見極めを的確に行なうと同時に、自社の魅力発信を通じて、学生（応募者）に入社イメージの醸成および入社意欲の向上を図る
リクルーター	赤松氏 田中氏 西村氏	● 採用活動全般におけるサポーターとして、媒体や学生情報の管理等を行なう

を図りました。

　負担軽減により一定の余裕ができた人事担当者が、学生管理や人事面談等フォローに時間を費やすことで、面接辞退や内定辞退の抑止が図れました。

　以上の役割分担で採用活動を推進した結果、面接・内定辞退者数が減少、求める人材を離脱させることなく、目標人数どおりの採用ができました。

Step4　求める人材に適した採用広報・募集を行なう

　求める人材を採用するために「どの媒体を活用するのか」「自社の魅力・強みを、どのように求人原稿へ落とし込むか」を検討します。

●求める人材に適合した採用媒体の選定方法

　世の中には、数多の採用媒体が存在します。さまざまな採用媒体が次々と誕生している昨今、「自社に適した採用媒体がわからない」という経営者や人事責任者も多いのではないでしょうか。

　求める人材を踏まえた採用媒体を選定するためには、以下のポイントを押さえる必要があります。

①各採用媒体の強みや特徴と求める人材との親和性

　1点目のチェックポイントは、各採用媒体の強みや特徴です。

　一見同じような採用媒体ですが、それぞれに強みや特徴があります。中途採用の代表的な採用媒体である「リクナビNEXT」や「マイナビ転職」は、全国的に知名度があることや30代後半〜40代の人材が多く登録している媒体であることから、地方採用や経験者・マ

ネジメント層の採用に強い媒体です。

　一方、「エン転職」や「doda」は会員の多くが20〜30代と若手採用に強い媒体です。

　新卒採用では「リクナビ」「マイナビ」といった代表的な採用媒体以外にも、文系学生の採用に強く、高いアクティブ率（全体ユーザーのうち、対象期間内に一度でも起動しているアクティブなユーザーの割合）を誇る「ワンキャリア」、上位校や合同説明会等のイベントに強みがある「キャリタス」、口コミ評価を強みとしたダイレクトリクルーティング型の媒体である「OpenWork」など、各媒体で強みや特徴もさまざまです。

　「理系ナビ」をはじめとした理系特化型の媒体や、「スポナビ」をはじめとした体育会特化型の媒体など、文理や属性等に特化した媒体も存在します。

　以上のように、採用媒体によってその強みや特徴は大きく異なるため、これらを踏まえて、比較的親和性の高い採用媒体を選定することが重要です。

②地域性

　2点目は地域性です。全国的に有名な媒体以外の場合、その媒体が地域で認知度があるか否かを把握することは極めて重要です。

　採用媒体会社に要請し、同エリアでの会員数や地元企業の掲載社数などの情報を提供してもらうこと、その情報をもとに採用媒体と地域とのマッチング度を推し量ることが必要です。

　直近で入社した社員にヒアリングし、どの採用媒体を活用していたかを確認することも有効です。

●求める人材の応募を増やす求人原稿の書き方

　魅力的な求人原稿を書くためのポイントは大きく２点です。

①求める人物像をもとに訴求するキーワードを選定する

　Step2で洗い出した自社の魅力・強みの中から求める人材に訴求するキーワードを選定します。このときのポイントは、「具体性を持たせる（定量的な情報を提示する）」ことです。

　多くの求職者は「安心して長く働ける職場」に魅力を感じますが、求人原稿に「わが社は社員が安心して働ける職場です！」と記載しても説得力はありません。

　求人原稿には「離職率10%以下」や「３年以内の離職ゼロ」など、具体的な数値で表記することが重要です。

　キーワードとなる自社の魅力・強みをできる限り定量的に表現していくと、訴求力の高い原稿を作成することができます。

|図4－18|求職者に訴求するキーワード

No.	求職者のチェックポイント	訴求すべきキーワード・内容
①	長く働き続けられるか	離職率（○○%以下）/定着率（○○%以上）/福利厚生の内容
②	未経験でもＯＫか	未経験者の割合（○○%以上）/OJT・OFF-JT等の教育制度と内容
③	労働条件・福利厚生・待遇が整っているか	年間休日数/平均残業時間
④	年収・給与	賞与支給月数（最大○か月）/モデル月給（25歳：○○万）/諸手当
⑤	残業・休日休暇	残業代の取り扱い/有休消化率・有休取得率/有休取得日数
⑥	求人情報	事業内容/組織体制（年齢・男女比・経験者の割合）/求める人材
⑦	仕事内容	1日・１週間の流れ・シフト例/仕事の面白さ・やりがい・難しさ
⑧	会社の雰囲気	社風/社員の仲のよさ/会社行事・イベント

図4−18に、第1章で紹介した「求職者が求人原稿でチェックするポイント」に対する、訴求キーワードをまとめましたので参考にしてください。

②訴求するキーワードをもとに求人原稿を作成する

　選定したキーワードを求人原稿に落とし込んでいきます。ポイントは「いかにトップ画面のインパクトを大きくできるか」です。

　ほとんどの採用媒体は、「職種」「勤務地」等で検索した後に表示される「求人検索結果画面（＝トップ画面）」と、閲覧したい企業の求人をクリックした後に表示される「求人詳細情報画面」の大きく2画面が存在します。そして、「求人検索結果画面」と「求人詳細情報画面」には、それぞれ以下のような文面が記載されることになります。

■「求人検索結果画面」（＝トップ画面）
　•企業名
　•職種名（メインコピー）
　•仕事内容や勤務地、給与等の概要（サブコピー）
■「求人詳細情報画面」
　•仕事内容や勤務地、給与等の詳細

　そして、これらの画面を見た求職者が、最初に着目する部分は、トップ画面としてひときわ大きく表示される「職種名」や「仕事内容」「勤務」「給与」におけるメインコピーとサブコピーです。

　多くの求職者は、まずこの部分に記載されている内容を閲覧し、そこで興味を持てば詳細内容へ、興味を持たなければ離脱するとい

| 図4-19 | 求職者が検索しているワード（TOP30）

順位	キーワード	順位	キーワード	順位	キーワード
1	在宅勤務	11	事務	21	不動産
2	フルリモート	12	韓国語	22	第二新卒
3	未経験	13	電気主任技術者	23	画像処理
4	リモート	14	半導体	24	大学職員
5	50代	15	学校法人	25	完全在宅
6	英語	16	法律事務所	26	管理栄養士
7	在宅	17	高卒	27	スポーツ
8	年収500万	18	経理	28	航空貨物
9	中国語	19	カスタマーサクセス	29	社内ＳＥ
10	社会保険労務士	20	リモートワーク	30	副業

※転職サービス「doda」 人気の検索ワードランキング（2023年6月更新分）より

う行動になります。

　これらの部分に求職者に対して特に訴求したい内容、他社と差別化できる情報をしっかり記載することが、求人原稿のクリック数・ＰＶ数・応募数の増加へつなげる最大のポイントといえます。

　たしかに1つひとつの細かな求人原稿の内容も重要ですが、それを求職者に見てもらうには、まず自社の求人原稿をクリックさせること、そしてクリック後トップにくる原稿によって、いかに興味喚起できるかが最も重要です。

　したがって原稿作成の際は、最も訴求するキーワード（キャッチコピー）が目立つ場所に配置されるよう、掲載イメージを調整してください。

　キャッチコピーは、最近のトレンドを踏まえることも重要です。

　具体的には、図4-19のような求職者がよく検索しているワードをキャッチコピーに含めることで、求職者が自社の求人を発見しやすくする仕掛けを行ないます。

Step5　切り札となるインターンシップ、採用説明会のやり方

　新卒採用活動では、採用媒体の選定や求人原稿の作成に加え、イ
ンターンシップや採用説明会等のイベントを通じた母集団形成も重
要となります。そこで、インターンシップと採用説明会における成
功事例を2社ずつ紹介します。

●理系・高学歴の大学生・大学院生を4名採用できたL社のインタ
　ーンシップ

　本章2節で紹介した、自社オリジナルのインターンシップで難関
大学や大学院生をはじめとした高学歴の学生や理系学生を4名採用
したL社の事例です。

　同社では、インターンシップを主軸とした早期採用の実現を目的
に、求める人材である「高学歴」×「機電系学生」をターゲットと
したオンラインインターンシップを企画しました。

　同社が実施したインターンシップのプログラムは図4−20のとお
りです。

　同社プログラムの特長は、オンラインで製品開発の面白さや難し

|図4−20|インターンシッププログラム（L社）

① オリエンテーション
・インターンシップに際してのグランドルール
・アイスブレイク

② L社を知ろう！①
・会社概要・各拠点の紹介
・事業内容の紹介

③ 「新製品開発」に挑戦せよ！
・ワーク内容と進め方の説明
・新製品開発ワーク（個人ワーク、グループワーク）

④ プレゼンテーション&フィードバック
・技術社員に対するプレゼンテーション
・フィードバック&最新製品開発事例の紹介

⑤ L社を知ろう！②
・若手社員に聞いてみた！　L社の魅力・強み
・早期選考フローのご案内

> 希望者は、若手社員との
> オンライン座談会も予定！

さを体感できる点です。

　同社では、採用難である高学歴な学生や機電系の学生をターゲットとしていました。しかし、先述したとおりただでさえ他社との獲得競争が激しい同社のターゲットの場合、採用活動のオンライン化が進むなか、インターンシップを対面で開催するのは、母集団形成に苦戦する可能性が高い状況でした。

　そのため、オンラインでの実施を前提に企画を行ないました。

　一方、オンライン開催の場合は、実務体験が不可能であるため、別の方法で製品開発業務の面白さや難しさを体感させる必要がありました。

　そこで、実際の製品開発業務を体験させるのではなく、同社の事業分野における今後のニーズを踏まえた新製品開発に関するグループワークを行ない、その内容をプレゼンしてもらうという形式でインターンシップを企画しました。

　これにより、実務を体験せずとも、「自分のアイデアがカタチになる」という製品開発業務の面白さや難しさを体感させることができました。

　学生のプレゼンに対しては、社内外で活躍する若手社員から専門家目線でのフィードバックを行ないました。

　そして、フィードバック後は実際に同社が開発した製品とその開発秘話を担当者が学生へ語ることで、同社の持つ技術力の高さや製品開発にかける思いを強力に訴えることができました。

　その結果、先述したとおり同社に興味を持つ学生が増加し、インターンシップ経由で4名の学生を採用することができました。

|図4−21|インターンシッププログラム（M社）

① **M社を知ろう！**
- 本日のタイムテーブルの確認
- □□業界の動向とM社の位置づけ
- M社が誇る３つの実績
- 会社概要および拠点紹介

② **M社の仕事内容・働き方**
- ５つの業務領域の紹介
- 職種・仕事とやりがいの紹介
- １日（１週間）の流れ

③ **M社のビジネスモデルを体感せよ！**
- 情報の把握・テーマ決定
- テーマ選定&ビジネスモデル検討（グループワーク）
- プレゼンテーション&フィードバック

④ **M社のココがすごい！**
- 高度な独自技術と生産体制
- 若手のチャレンジを歓迎する社風と教育体系
- 安心して長く働ける、充実の福利厚生

⑤ **求める人材・選考フローの案内**
- 企業ビジョン・求める人材の紹介
- 待遇・労働時間等の紹介
- 選考フローの案内

● **経営理念・ビジョンを体感できるM社のインターンシッププログラム**

　次に、ワークを通じ自社の経営理念やビジョンを体感させることで、学生に興味喚起を促したM社の事例です。

　同社では、経営理念やビジョンに共感してくれる人材を求めていました。そこで、インターンシップを通じた自社理解の促進を目的に、オンラインインターンシップを企画しました。

　同社が実施したインターンシップのプログラムは図４−21のとおりです。

　同社のプログラムの特長は、事業内容に関するグループワークを通じて、経営理念の背景や想いを深く理解できる点にあります。

　プログラムでは、実際に自社の商品を使用している市場・企業について、「なぜその市場・企業は、自社の商品を必要としているのか？」「もし、自社や商品が世の中からなくなったら、どのような市場・企業に影響があるか？」という問いについて、グループワークを通じて学生に検討してもらいます。

普段何気なく目にしている商品が、「なぜ世の中に必要とされているのか」を議論することで、自社や商品の意義や存在価値について考察してもらうのです。

　そして、その答えとして経営理念やビジョンを解説することで、「自社の意義・存在価値＝経営理念」であることを理解させています。

　その結果、採用説明会では伝えきれていなかった経営理念の背景や想いを、学生に深いレベルで伝えることができ、また経営理念に共感した学生の多くが面接に進んだことで、インターンシップ経由で同社にとって質の高い面接母集団を確保することができました。

●仕事の魅力・やりがいが伝わるＮ社の採用説明会プログラム

　続いてオンライン採用説明会で、自社の仕事の魅力・やりがいを訴えたＮ社の事例です。

　メーカーである同社では、コロナの流行に伴い採用説明会をオンラインで実施していましたが、学生への興味喚起に苦戦しており、面接母集団の低下を招いていました。

　理系を対象とした技術職と文系を対象とした営業職の２職種を中心に新卒採用を行なっている同社は、採用説明会を理系向け・文系向けに分けて実施しており、そのため採用説明会のプレゼンターを務める採用担当者に大きな負担がかかっていました。

　そこで、文理共通のプログラムを企画し、より効率的・効果的な採用説明会へのブラッシュアップを図りました。

　同社が実施した採用説明会のプログラムは次ページ図４－22のとおりです。

　このプログラムの特長は、ブレイクアウトセッション機能を用い

|図4-22|採用説明会プログラム（N社）

① N社とは？
- 会社概要／拠点・ビジョンの紹介
- おもな事業内容・分野の紹介
- 求める人材の紹介

② 【理系向け】技術職の仕事紹介
- 技術職の仕事・やりがいの紹介
- 募集職種の紹介
- 座談会・質疑応答

② 【文系向け】営業職の仕事紹介
- 営業職の仕事・やりがいの紹介
- 募集職種の紹介
- 座談会・質疑応答

③ N社の魅力・働きがい
- N社の魅力・働きがいの紹介

④ 選考フローの案内
- 待遇ならびに選考フローの案内

◎仕事紹介はルームを分けて職種別に実施！
◎若手社員が登壇！仕事内容・やりがいなど、どんどん質問してください！

て文理別の仕事紹介を行なう点です。ZoomやTeamsなどのオンライン会議ツールには、グループ討議ができるように、ミーティングルームを複数に分けるブレイクアウトセッション機能があります。

それを活用し仕事紹介のフェーズでは、参加学生を技術職紹介のルームと営業職紹介のルームに分けて、同時に2職種の紹介ができるように工夫しました。これにより**一度に理系向け・文系向けの採用説明会を実施**することができました。

各職種紹介の最後には、学生からの質疑応答の時間や若手社員との交流機会を設け、オンライン説明会にありがちな「単に聞いているだけ」の説明会になることを防止。より主体的な姿勢で参加してもらえるように工夫しています。

以上の工夫を施した結果、オンラインでも自社の魅力・強み、仕事のやりがい等を訴求できたことで、説明会→面接の歩留まりを改善できたと同時に、採用担当者の負担を軽減することができました。

| 図4-23 | 採用説明会プログラム（O社）

① **O社を知ろう！**
- 本日のタイムテーブルの確認
- □□業界の動向とO社の位置づけ
- O社が誇る3つの実績
- 会社概要および拠点紹介

② **O社の仕事内容・働き方**
- 4つの業務領域の紹介
- 職種・仕事とやりがいの紹介
- 1日（1週間）の流れ

③ **若手社員とのホンネ座談会**
- 質問回答
- 若手社員のホンネ！入社後に苦労したエピソード

④ **O社のココがすごい！**
- 高度な独自技術と生産体制
- 若手のチャレンジを歓迎する社風と教育体系
- 安心して長く働ける、充実の福利厚生

⑤ **求める人材・選考フローの案内**
- 企業ビジョン・求める人材の紹介
- 待遇・労働時間等の紹介
- 選考フローの案内

● 累計3,000名の学生が参加したO社の採用説明会プログラム

　累計3,000名もの学生が参加したO社の事例です。

　学生に認知度の高い同社では、多くの学生が採用説明会に参加するため、面接母集団の「質」を高めることが課題でした。

　オンライン採用への移行に伴って採用のミスマッチが増え、早期離職をする新卒社員が増加していることにも頭を痛めていました。

　そこで、あえて同社で働くうえで苦労すること、厳しい面を説明することで学生自身のセルフスクリーニングを促し、面接母集団の質の強化と採用のミスマッチ防止を図りました。

　同社が実施した採用説明会のプログラムは図4-23のとおりです。

　特長は若手社員とのオンライン座談会を通じて、**働くなかで苦労したことや困難であったことを、若手社員の声として学生に伝える**点です。

　同社は採用説明会を1.5時間程度で実施していますが、そのうち30分間は各部門の若手社員が登壇するオンライン座談会の時間に当てています。

196

オンライン座談会では、まず学生からの質問に対して各若手社員が回答し、その後にプレゼンターである採用担当者から提示されたテーマをもとに、若手社員同士でディスカッションをしてもらいます。

テーマは「入社後に苦労したこと」、「入社後に感じた良いギャップ・悪いギャップ」、「働くなかで最も困難であったこと」などです。

ネガティブな要素も合わせて伝えることで、学生自身のセルフスクリーニングを促すのが目的です。

ただし、「弊社で働くなかでは、〇〇という苦労があるが、それを乗り越えたことで□□や××といった若手でも責任のある立場を任せてもらっている」「△△という業務には、さまざまな能力・スキルが必要とされるため苦労することも多いが、その業務を若手の時期から経験することで、他社よりも早く一流のエンジニアに成長できる」など、ネガティブな情報だけでなく、それを乗り越えるメリットも伝えることで、同社の求める成長意欲の高い学生の興味喚起を促すよう工夫しています。

求める人材については、**経営者自らがビジョンと関連づけながら説明し、学生への熱いメッセージを語ることで、動機づけを図って**います。

以上の工夫を施した結果、同社にとって質の高い面接母集団を形成できるだけでなく、ネガティブな側面も合わせて自社の理解が深い学生と面接を行なうことで、採用後のミスマッチ防止を図ることができています。

　応募のあった求職者を正しく見極め、動機づけるための面接官の育成を行ないます。

　採用活動において面接官が与える影響は極めて大きく、面接官の対応や力量によって、採用活動の成否が決まるといっても過言ではありません。

　エン・ジャパン㈱の調査によると、面接を受けて「この会社には入社したくないと思った」求職者は、全体の85％に上ります。

　そのように回答した理由として、最も多いのが、「面接官の態度や言動」で、実に74.8％の人が回答しています。その他、面接官に関係する理由として、「面接官の質問が就職差別につながるものだった」「面接官の身なり・マナーが悪かった」なども挙がっています。

　一方で、71％の求職者が、面接を受けて「この会社に入社したいと思った」と回答しています。

　そのように回答した理由として、「面接官の人柄や印象がよかった」と85％の人が回答しています。そのほか「面接官が話しやすい雰囲気をつくってくれた」「面接官の身なり・マナーがしっかりしていた」なども挙がっています。

　以上の結果から、**面接官の印象がよいとポジティブな結果を得る、印象が悪いとネガティブな結果になる**ことがわかります。

　「面接官がいかに求職者の知りたい情報を提供できるか」ということも重要です。

　実際、同社の調査データでは、「面接を通じて仕事への興味がより高まったため入社したいと思った」という声や「入社後の働くイ

メージができた」などから、面接で伝える情報の工夫次第で、入社
意欲を高めることができるということがわかります。

　面接官は、面接の基本手順や正しい見極め、動機づけのやり方を
正しく理解しなければなりません。

●中小企業における面接官の２つの役割

　「中小企業における面接官の役割とは何でしょうか？」

　こんな質問を面接官にすると、ほとんどが「わが社が求める人材
かどうかを見極めること」と回答します。

　売り手市場下である今日では、見極めと同時に「入社意欲を高め
る動機づけ」を行なうことも面接官の重要な役割です。

　具体的には、「求める人材の"求める情報"」を具体的に提供する
こと、求める人材にとって魅力的と思える自社の特長について、エ
ピソードを通じて訴えることが求められています。

|図4−24|面接官が果たすべき役割

| ①見極め | ✓自社の求める人材か否かを判断する
✓自社の風土や社員との適合性を判断する |

自社が求める人材だと思ったら……

| ②動機づけ | ✓求める人材が"求める情報"を具体的に提供する
✓求める人材にとって魅力と思える自社の特長について、
　エピソードを通じて訴求する |

●人材を正しく見極めるための面接の基本手順

人材を正しく見極めるためには、基本的な面接の進め方といった「お
作法」を押さえることも重要です。

|図4-25|面接の6つのステップ

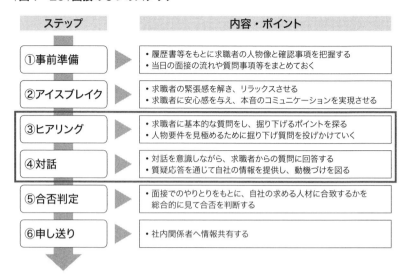

一般的に、面接の基本手順としては大きく分けて6つのステップがあります。

この中で特に重要なのが、人材を正しく見極めるための「ヒアリング」と、動機づけるための「対話」です。

具体的には、ヒアリングについては、求職者に対してさまざまな質問を投げかけ、いかに求職者の回答を掘り下げて聞くことができるか。対話については、求職者を動機づけるための情報をいかに的確に伝えることができるかです。

●面接の評価眼を高める構造化面接とSTARフレーム

先述した「ヒアリング=見極め」をより効果的に行なうためには、面接官の評価眼を高めることが重要です。

そのポイントは「ヒアリングや対話を通じて、"求職者の言葉に

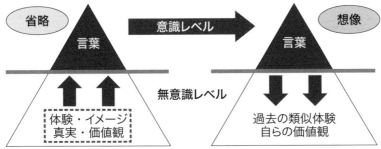

|図4−26|面接官の「質問力」で引き出す情報

省略　　　　　意識レベル　　　　想像

言葉　　　　　　　　　　　言葉

無意識レベル

体験・イメージ　　　　過去の類似体験
真実・価値観　　　　　自らの価値観

面接官の「**質問力（掘り下げ質問力）**」の強化が重要！

省略された情報"を引き出すこと」です。

　求職者の言葉は、その体験などに含まれる多くの情報が省略され
ています。

　面接官が求職者の言葉を聞いても、求職者と同様の体験を同じレ
ベルで認識することはできません。面接官は多くの情報が省略され
た求職者の言葉を聞き、それを自らの過去の体験や価値観などと照
合して理解するほかないのです。

　この省略されやすい情報の中で、いかに多くの情報を引き出すこ
とができるかが重要です。

●構造化面接の３つのメリット

　そして、多くの情報を引き出すためには、面接官のヒアリング力
（掘り下げ質問力）の強化が重要です。

　その効果的な手法の１つとして「構造化面接」が挙げられます。
構造化面接とは、Googleでも採用されている臨床心理学における
アプローチの１つで「あらかじめ評価基準と質問項目を決めておき、

|図4−27|構造化面接の手順

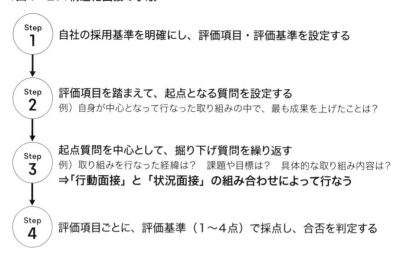

Step 1 自社の採用基準を明確にし、評価項目・評価基準を設定する

Step 2 評価項目を踏まえて、起点となる質問を設定する
例）自身が中心となって行なった取り組みの中で、最も成果を上げたことは？

Step 3 起点質問を中心として、掘り下げ質問を繰り返す
例）取り組みを行なった経緯は？　課題や目標は？　具体的な取り組み内容は？
⇒「行動面接」と「状況面接」の組み合わせによって行なう

Step 4 評価項目ごとに、評価基準（1〜4点）で採点し、合否を判定する

面接をマニュアルどおりに実施していく」という面接手法です。

　具体的には、図4−27の手順で進めます。

　この構造化面接には3つのメリットがあります。

■面接官同士の評価のズレによる優秀人材の離脱防止
　⇒同じ質問・同じ基準で合否判定をするので、面接官による評価
　　のズレが起きにくい
■採用のミスマッチ防止
　⇒採用のミスマッチ防止につながる
■面接官のスキルや経験に左右されない面接を行なうことができる
　⇒質問・基準をあらかじめ設定しているので、経験が浅くても会
　　社が意図した面接が可能

　構造化面接の手法を取り入れ、「起点質問を中心とした掘り下げ

質問」を繰り返すことで、上辺ではなく求職者の本質的な考えなど
を引き出すことができます。

　この掘り下げ質問を行なう際は、行動面接と状況面接を組み合わ
せ、求職者の行動と状況をヒアリングすることが重要です。

　行動面接とは、求職者の過去の行動について質問を行ない、求職
者の能力やパーソナリティについて見極めることを目的としている
面接のことです。

　状況面接とは、「もし～という状況だったら」という仮説をもと
に質問を行ない、経験に裏打ちされた、求職者の力量を測っていく
面接のことを指します。

　そして、この行動面接を行なうための手法として、ＳＴＡＲフレ
ームが挙げられます。

　ＳＴＡＲフレームとは、その行動をとるに至った背景（応募者が

| 図4-28 | STARフレームの手順

【例】前職において、自身が中心となって行なった取り組みの中で最も成果を上げたこと

Situation (状況)	当時の状況、経緯、役割、環境、心境など	✓その取り組みを行なった経緯・背景は? ✓その中であなたはどんな役割でしたか?
Task (課題)	当時の目標、課題、問題点など	✓どのような目標を掲げていたのですか? ✓目標に対して、どのような課題がありましたか?
Action (行動)	上記を踏まえた行動、取り組み、具体的な計画など	✓その課題をどのように解決したのですか? ✓どのような計画を立て、何に取り組みましたか?
Result (結果)	成果や実績、計画の達成度、改善度合い、得た学びなど	✓どのような結果が得られましたか? ✓得た学びは、今後どのように活かしますか?

「なぜ」その行動をとらなければならなかったのか）や、行動がもたらした影響（応募者の行動の成果や結末）を明らかにするための手法です。

実例をもとに紹介しましょう。

たとえば、起点質問に「前職で自身が中心となって行なった取り組みの中で、最も成果を上げたこと」を挙げたとします。

ここからＳＴＡＲフレームをもとに掘り下げ質問を行なう場合は、前ページ図４－28のとおりとなります。

以上のようにＳＴＡＲフレームを活用して掘り下げ質問を行なうことで、求職者の上辺だけの回答ではなく、本人の具体的な行動や取り組みの背景、結果を引き出し、本質的な求職者のスキル・能力を見極めることができます。

ただし、このＳＡＴＲフレームは簡単なようで難しく、面接官同士でロールプレイングを実施するなど、実践の場で活用できるようトレーニングする必要があります。

Step7　内定者フォローで内定辞退防止と入社意欲向上を図る

新卒採用における内定辞退率の上昇は、多くの企業の悩みの種となっています。

㈱リクルートの調査によると、2022年12月１日時点での内定辞退率は64.6％と半分以上の学生が内定辞退をした経験を持っています。

この背景としては、売り手市場化の進行に加え、採用活動の早期化が進んだことで内定期間が伸びたこと、採用活動がオンライン化されたことにより、学生の動機づけが不足していることなどが考えられます。

そんなオンライン採用時代だからこそ、内定後のアフターフォロ

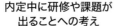

|図4−29|内定者フォローに対する学生の考え

内定中に研修や課題が
出ることへの考え

基本的に
反対
12.8%

基本的に
賛成
15.2%

どちらかと
いえば反対
31%

どちらかと
いえば賛成
41%

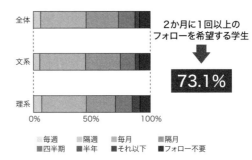

企業に希望する内定者フォローのペース

全体

文系

理系

0%　　　　　50%　　　　100%

2か月に1回以上の
フォローを希望する学生

73.1%

■毎週　■隔週　■毎月　■隔月
■四半期　■半年　■それ以下　■フォロー不要

※㈱ディスコ『キャリタス就活2022　学生モニター調査結果』をもとに作成

ーが重要なのです。

　一方、内定者フォローを希望する学生が増加していることも、内定辞退率増加の要因といえるかもしれません。

　図4−29は企業が実施する内定者フォローに対する学生の考えについて調査したものです。

　ご覧のとおり、56.2％の学生が内定者フォローに対してはポジティブな印象を持っており、そのうち73.1％の学生が隔月1回以上の内定者フォローを希望しています。

　しかし、多くの中小企業では内定者フォローに時間を割くことができず、内定者を放置してしまっているケースが多々あります。

　内定を出しているからと入社日まで放置してしまうことは、内定者からすれば「あまり歓迎されていないのではないか」、「友達のA君が入った会社は内定者研修をやっているのに、うちはやっていない。うちの会社は大丈夫なのか」と不安を抱きます。これが内定辞退へ発展することは大いに考えられます。

第

4

章　▼　自社にとって最も効果的な採用の進め方

定期的に内定者とのコミュニケーションを図ることや内定者向けの研修を２〜３か月に１回程度実施することは、内定辞退を防ぐとともに入社意欲を向上させるうえで重要です。

　内定辞退防止のために必要な内定者フォローですが、フォローで重要なポイントは、「企業と内定者」というタテの関係を強化することと「内定者と内定者」というヨコの関係を強化することです。

　この２つを押さえた内定者向けの研修やイベントが開催できると、内定辞退防止には有効です。

●内定辞退防止に有効な「タテ・ヨコの関係性」を高めたＱ社の３つの施策

　はじめて新卒採用活動に取り組み、定期的な内定者フォロー研修を行なったことで、内定辞退ゼロを実現した中小企業Ｑ社の事例です。

　同社では、はじめての新卒採用ということもあり、「採用したものの、内定辞退が発生してしまうのではないか」と強い不安を覚えていました。

　そこで、内定者５名を対象とした内定者フォロー研修を２回実施しました。

　１回目の内定者フォロー研修は、「内定者同士（ヨコ）の関係性強化」を目的として、自己紹介ワークや自身のプロフィール作成および相互共有を行ない、内定者同士の相互理解を深めました。

　また、先輩社員との座談会を実施し、不安に思っていることや、面接時には質問できなかった個別具体的な内容を確認することで、内定者が抱えていた不安・悩みの解消を図りました。

2回目の内定者フォロー研修では、「企業理解の促進／先輩社員と内定者（タテ）の関係性強化」を目的としました。

具体的には、自社の事業・仕事内容の説明をはじめ、同社の創業背景や今後の展望・ビジョンについて、経営者自らが内定者に語りかけることで同社への理解を促すとともに入社意欲の向上を図りました。

同時に内定者には、入社後に目指す社会人像とアクションプランを作成させ、それをもとに先輩社員と面談を行なうことで、企業（先輩社員）と内定者の相互理解を深めました。

以上の内定者フォロー研修を通じて、タテ（企業⇔内定者）とヨコ（内定者⇔内定者）の関係性を強化した結果、5名の内定者が1人も欠けることなく、入社日を迎えることができました。

実際に研修を受講した内定者に話を聞いてみると、「仕事についていけるか不安だったが、会社の理解が深まったことで働くイメージを持つことができた」「はじめての新卒入社ということもあり、上司・先輩と年齢が離れているため、人間関係に不安があったが、座談会や個別面談を通じて、相互理解が深まったため、安心することができた」など、ポジティブな意見が多く聞かれました。

第 **5** 章

自社にとって最適な
定着・育成の進め方

▼

令和の時代、若手人材のマインドや志向は上司世代の
それとはかなり変化してきています。上司が日々取るべ
き言動や指導法もそれに応じて変えていく必要があり
ます。本章では、実際に成果が上がっている方法と若
手人材への接し方を実例とともに紹介していきます。

若手人材の特徴と定着・育成に必要な4つのスキル

　私は自社で新入社員研修の講師を務めています。新入社員研修は、前期（1泊2日）と後期（1日）の計3日間のプログラムとなっています。

　この新入社員研修には、自社のほか数十社から50～60名程度の新入社員が参加しており、高卒・大卒等の新卒社員はもちろん、20代の中途人材、若手外国籍の人材など、幅広い人材が参加する異業種交流型の研修となっています。

　講師として各社の新入社員と接するなかで、近年の受講者には以下のような特徴があると感じています。

若手人材の3つの共通項

①周囲からの意見を拒絶せず、素直に受け入れる姿勢がある

　研修では、ビジネス・パーソンとして必要不可欠なマインドやポータブルスキルの習得に向けたさまざまなワークを実施します。

　そのなかで、ときには講師から厳しい指摘をもらうことや他メンバーからアドバイスを受けることもあります。

　以前にはその意見に対して反論したり、へそを曲げてしまう新入社員も散見されました。しかし、近年の新入社員はほとんど反発せずに、素直に受け入れる人材が多く、その指摘やアドバイスをもとに即座に改善活動を行なう姿も見られます。

　ビジネスマナーに関するワークでは、名刺交換やお辞儀の仕方等を一定の時間をかけて反復練習します。

このようなワークの場合、時間の経過とともに練習の質が下がりやすくなるため、常に程よい緊張感を持ってもらえるよう、定期的に厳しく指摘を行なうようにしています。

　そんなことを繰り返していると、なんと休憩時間にも自主的に練習を行ない、相互にフィードバックをする受講者が数多く見られたのです。

　これは、自己効力感（目標を達成するための能力を自らが持っていると認識すること）が低いZ世代の特徴ともいえ、「わからない、あるいは自信がないことは言われたとおりにやろう（できたと思うまでやろう）」とする傾向が背景にあると考えられます。

②自己肯定感が高く現状に満足する

　周囲からの意見・指摘に対して改善しようとする行動・言動は多々見られるものの、時間が経過すると元に戻っているケースも見受けられます。

　挨拶のマナーとして「語先後礼」があります。

　これは「言葉を先に、礼を後に」という意味で、挨拶をする際に相手に対して向き合って挨拶の言葉を発してからお辞儀をするという動作のことを指しています。

　2日間で行なう前期研修では、研修中に挟む休憩時の挨拶を含め、この「語先後礼」やお辞儀の角度（普通礼で30度）、元気よく挨拶することを徹底的に指導しています。

　初日の前半はまったく実践できていなかった受講者も、繰り返しの指導や反復練習を通じて、初日の終了時点では全員が徹底できている状態となります。

　しかし、2日目に挨拶をすると、ほとんどが先述のポイントを押

さえた挨拶ができていませんでした。

　1日では正しい挨拶の仕方が習慣化されないため仕方のない面もありますが、フィードバックは素直に受け入れても、その本質は理解できていない、改善した事実に満足感を得て「何のためにそうしなければならないのか」といった目的が欠落していると考えられます。

③失敗を恐れる・チャレンジが少ない

　新入社員研修では、全体の前でプレゼンテーションを行なう機会や新入社員には実践困難なレベルの高いワークも多数用意しています。

　しかし、そのようなワークに対しては自らチャレンジしようとする受講者が少ないなど、講義やワークを通じてすでに学んだこと以外には、やや消極的な面が見られます。

　ワークに対しても失敗を恐れ、本心とは異なる無難な回答をする人が多い傾向もあります。

　これは、先述した自己効力感の低さに加えZ世代の特徴である「承認欲求が強く周囲からの評価を気にする」という点が背景にあると考えられます。

　SNSの普及に伴い、常に誰かとつながりを持っている世代にとって、何よりも脅威に感じるのが周囲からのネガティブな評価です。

　失敗することで周囲からの評価が下がることや、自身の意見を主張することで、周囲から孤立することを極端に嫌がります。

　未経験の業務や自信のないことには消極的で、たとえ本心は違っても、無難に回答し自身の意見を主張することを避けるのです。

素直だがチャレンジしない若手とどう向き合うか

　以上のような特徴を持つ若手人材を定着・育成するために、上司・先輩はどのようなことに留意して指導すればよいのでしょうか。

　あるいは、若手人材を定着・育成するために、上司はどのようなスキルを習得しなければならないのでしょうか。

　それは以下の４点です。

【接し方のスキル】

⇒若手人材の個性に向き合い、適切なフォローを行なう（メンタルヘルス）

【叱り方のスキル】

⇒「叱る」を通じて若手人材のやる気を引き出す（アンガーマネジメント）

【ほめ方のスキル】

⇒若手人材の承認欲求を満たし、自己効力感を高める

【教え方のスキル】

⇒「なぜ？」を明確に伝えることで、業務に意義を持たせる（意味づけ指導）

　次節以降で、順に詳しく説明していきます。

「接し方のスキル」を定着・育成に 有効活用するには

　若手人材との接し方とそのポイントについて解説します。

　若手人材の個性に向き合い、適切な個別フォローをするには以下の３つの観点が必要です。

- 働くうえで何に困っているのか？　何にストレスを感じているのかを知る
- ストレス状況を観察する
- ストレス反応に対して適切に対処する

何に困っていて、何にストレスを感じるのかを知る

　そもそもわれわれ人間は、どのようにしてストレスを感じるのでしょうか。そのメカニズムから紹介します。

　何かしら刺激と感じたものを脳が認知すると、人はストレスの源である「ストレッサー」を感じます。

　脳がストレッサーを感じたときに、心理的・身体的・行動的な反応が「ストレス反応」として表面化します。

　心理的ストレスとしては不安や焦り・恐怖、身体的ストレスとしては眠い・疲れた、そのほか温度や匂い、暗い・まぶしいなどもストレス反応です。

　「ストレスが溜まっている状態」とは、こういったことが脳にストレッサーとして多く溜まって、何かしらのストレス反応が強く起こっている状態を指します。

　ここで重要なのは、ある事象をストレスと感じるか否か、あるい

はどの程度ストレスと感じるかは個人差があることです。それをストレスと感じるか否かを自分のモノサシで捉えてはならないということです。

　近年、若手人材のストレス耐性の低さを嘆く経営者や人事責任者の方が多いように感じます。

　若手人材を見て、「こんなことでいちいち落ち込むなよ……」と思ったことのある人は多いのではないでしょうか。

　しかし、他人にとっては大したことでなくても、本人にとっては大変なストレスであるということも、往々にしてあるものです。

　簡単に「ストレス耐性がない」と片づけてはいけません。

　若手人材が「何をストレスとして認知しやすいのか」を把握して、適切な個別フォローをする必要があります。

　では、最近の新入社員は会社の何にストレスを感じているのでしょうか。調査データをもとに見ていきましょう。

| 図5－1 | 若手社員のストレスに関する調査データ

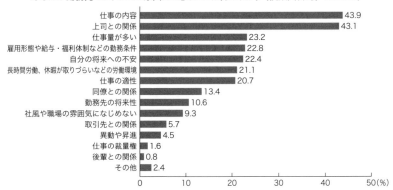

あなたが勤務先でストレスの原因だと思うことは何ですか。（複数回答可／3つまで）

項目	％
仕事の内容	43.9
上司との関係	43.1
仕事量が多い	23.2
雇用形態や給与・福利体制などの勤務条件	22.8
自分の将来への不安	22.4
長時間労働、休暇が取りづらいなどの労働環境	21.1
仕事の適性	20.7
同僚との関係	13.4
勤務先の将来性	10.6
社風や職場の雰囲気になじめない	9.3
取引先との関係	5.7
異動や昇進	4.5
仕事の裁量権	1.6
後輩との関係	0.8
その他	2.4

※マンパワーグループ調査（2019年7月）より作成

少し古いデータになりますが、前ページの図5-1はマンパワーグループ㈱が2019年の7月に入社2年目までの新入社員を対象に実施した調査です。このデータを見ると多くの新入社員が「仕事の内容」と「上司との関係」にストレスを感じているようです。

　この調査では新入社員から以下のような声が具体的に上がっています（一部を抜粋）。

【「仕事の内容」に関するストレス】
• 覚えることが多く、気苦労を感じてしまう
• 電話が苦手で、相手から怒られることに対してストレスを感じる
• 業務マニュアルがなく、把握するまでに時間がかかる
• 毎日同じことの繰り返しでやりがいがない
【「上司との関係」に関するストレス】
• 理不尽なことを言われる
• 定期的に食事に誘われ、断れないことが精神的に負担。お酒も飲めないため、給仕をしている気分になる
• 新入社員でわからないことが多いのに、わかっているだろうと思って接してくる上司がいる
• 上司からの言葉がきつくて精神的に疲れる

　ご覧になってみて、いかがでしょうか。まさに「こんなことでストレスを感じるなよ」という声が聞こえてきそうですね。

　以上は、あくまで1つの傾向ですが、皆さんといまの新入社員ではストレスの感じ方がまったく違うことがおわかりいただけたと思います。

　「こんなことで……」とか「俺たち・私たちの時代は」とか「最

近の若者は……」で片づけるのではなく、新入社員に真摯に向き合い、抱えているストレスや悩み等に対する必要なフォロー・アドバイスを行なうことが新入社員の定着・育成にとって重要です。

新入社員のストレス状況を観察する

新入社員のストレス状況を観察するポイントは「新入社員の状態は『常態』とのズレで把握する」ということです。

ストレス反応が強く起こり続けると元気がなくなったり、下を向く回数が増えたり、だるそうにしていたりと何かしらの変化が表面化していきます。

これは普段の言動（常態）から逸脱している状態と捉えられます。

このように普段の言動との違いを観察することで、新入社員のストレス状況を間接的に把握することが可能です。

これを徹底するには、当然日々部下とコミュニケーションをとり、部下の個性や特徴などを深く理解しておく必要があります。

仮に新入社員が一定のストレスを抱えていることがわかったとき、上司・先輩としては、そのストレスを軽減できるよう、適切に対応する必要があります。

その際に心がけていただきたいのは以下の3つです。

①相談できる場づくり・関係性の構築

②しっかりと傾聴する

③相談ごとは他の社員へ安易に話さない

定着・育成の第一歩は関係構築から

　特に①と②は重要で、「すべての問題を解決しようとせず、まず
は新入社員の悩みや不安に耳を傾け『自分と向き合ってくれた』と
思わせる」ことが、接し方として重要なポイントです。

　まずは新入社員の悩みや不安をしっかりと傾聴すること、そして
新入社員がそういった相談を持ちかけられるような関係性を築いて
おくことが最も重要なのです。

|図5-2|傾聴の基本テクニック

```
【傾聴の基本テクニック】
　①態度と反応
　　▶聴くことに集中する（何かをしながら聴くのはNG）
　　▶適切な体の向き、姿勢（頬杖、腕組みはNG）
　　▶ペーシング（相手のペースに合わせる）
　　▶相手の目を見る
　　▶あいづちを打つ
　　▶うなずく
　②受容
　　▶先読み、決めつけをしない
　　▶結論、良し悪しの判断を急がない
　　▶話をさえぎらない
　③理解の確かめ
　　▶反復する：「～ということですね」
　　▶確認する：「それは～ということですか？」
　　▶同意する：「確かにそのとおりです」
　　▶要約する：「つまり～ということですね」

【傾聴することのメリット】
　①話し手の感情が解放される
　②話し手に対する理解が深まる
　③話し手が自己の考えを深化できる
　④信頼感がより深まる
　⑤傾聴の輪が広がる
```

もしベストアンサーを出せなかったとしても、人間は「話を聞いてくれた」と思えるだけで、ストレスは軽減されるものです。

言いたいことはあっても、まずは新入社員の不安や悩みを傾聴（相手が安心して考える・話せる雰囲気をつくり、より深い考えを引き出すこと）してあげることを意識してください。なお、傾聴の基本テクニックを図5−2に示しておきますので、参考にしてください。

メンタルヘルスマネジメントの深い知見がない場合は、上司・先輩として「やるべきこと」よりも、「やってはいけないこと」を理解しておくことが重要です。

多くの上司・先輩は、「なんとか新入社員のストレスを解消しよう！」と具体的なアドバイスや解決策を提示しがちですが、それが新入社員には「押しつけ」や「叱責された」と感じられ、かえって新入社員のストレスを増幅させてしまうこともあります。

図5−3に、そういったNG行動例と代替策・ポイントをまとめておきますので、新入社員と接するなかで、NG行動をしていないか、確認してみてください。

|図5−3|メンタルヘルスマネジメント上、やってはいけないこと

NG行動	具体例	代替策・ポイント
お医者さんごっこ	・あなたは病気だ／病気じゃない ・あなたは○○という病気だ	▶医療機関の受診が必要と感じた場合は勧めてもよい
同調・同情のみ	・必要以上に怒る・泣く ・一緒になって悪口を言う	▶共感との違いを意識する
価値判断のみ	・あなたは正しい／間違っている ・それはよい／悪い	▶事実・意見・感想を切り分ける
悩み自体の否定	・考えすぎだ／気にしすぎだ ・そんな小さなことで悩むな	▶悩みすぎていること自体が問題であれば、認知を修正する
実効性のない業務調整	・あまり無理するな ・もう少し有休を取りなさい	▶本人の裁量に応じた具体策を実際に行なう
秘密の漏洩	・相談内容や相談があったということ自体を不用意に周囲に話す	▶情報共有する場合は本人同意を取るのが原則

シーン別のGoodな叱り方、Badな叱り方

　まず、「叱る」と「怒る」という言葉の定義の違いを確認しておきましょう。

　「怒る」とは自分の都合・思惑どおりにならないことを感情的に非難することを、「叱る」とは相手の成長を願い、気付いていない・問題認識の浅いことを教え諭すことを指しており、実は似て非なるものです。

　この「叱る」を効果的に行なうためのポイントでよくいわれるのが、「アンガーマネジメント」。アンガーマネジメントとは、衝動的に訪れる「怒り」という感情を分析し、コントロールすることです。

　そもそもわれわれ人間は、なぜ「怒り」という感情が発生するのでしょうか。

　心理学では、人間は大小問わず目標達成のための行動が妨害されると、不安や辛さ、悲しさといったネガティブな感情を感じ、それが一定以上蓄積されると、怒りという形で発散しようとするといわれています。

　つまり、怒りとは理想と現実のギャップによって生まれたネガティブな感情を発散するための防衛本能なのです。

　これを新入社員の育成シーンで言い換えれば、皆さんが持つ「あるべき姿」に対して、新入社員がそのレベルに達していない、あるいはやってほしいことをやってくれないときに、ギャップを感じて「怒り」という感情が出てくるということになります。

われわれは相手に対して何かしらを期待しているから、それが満たされないと「怒り」という感情が出てくるわけです。

新入社員に対し「怒り」を覚えたら、何を期待していたかを考え、それをフィードバックする、つまり「叱る」に変換することが重要なのです。

また、新入社員を叱る前には、皆さん自身のセルフチェックを行なうことも重要です。図5－4のセルフチェックポイントをもとに、正しく「叱る」ことができているか、確認してみてください。

叱り方については、具体例でお伝えしたほうが理解しやすいと思いますので、いまから4つのケースをもとにGoodな叱り方とBadな叱り方を確認していきましょう。

|図5－4|新入社員を叱る前のセルフチェックポイント

No.	観点	ポイント
1	自分の指示の出し方は適切であったか？	▶新入社員への指示の出し方として、わかりやすかったか、 ▶言い忘れはなかったか、言葉足らずな説明ではなかったか、あいまいさはなかったか。
2	事実関係を正確に掴んでいるか？	▶実際に起こった出来事に関して対応しているか。上司の思い込みや誤解、勘違いはないか。
3	タイムリーな指導をしているか？	▶時間、日数が経つと上司も新入社員もその出来事に関して記憶があいまいになる。 ▶出来事があった日に新入社員とその件に関して話をしておく。
4	事実のみ注意をしているか？	▶過去の出来事を持ち出したり、別件を取り上げたりしていないか。 ▶今回発生した出来事における事実について注意しているか。 ▶また、人格否定になるような言い方や、感情的な話し方にならないようにしていたか。
5	人前で注意していないか？	▶状況に応じて、じっくりと話をするほうがよいと判断する場合や、周囲への影響が懸念される場合などは、人前での注意は避けるようにする

ケース①学びと成長につながる叱り方

〈今日はお客様先へ10時にアポイント。しかし9時55分になっても部下の小沢さんは来ない。自分は9時45分にはお客様先にいるのに……。小沢さんにこのことをどう伝えようか。〉

上記に対するBadな叱り方は以下のとおりです。

【Badな叱り方】

「普通は10分前に来るもんだろう！」

これがBadな叱り方である理由は、自分の「べき論」で指摘をしているからです。

新入社員からすると、仮にその指摘が正しくても押し付けられていると感じてしまいます。また、叱られているというよりも怒られているという印象が強くなり、結果として本当に指摘したいことが相手に届きません。

一方、このケースにおけるGoodな叱り方は以下のとおりです。

【Goodな叱り方】

「お客様先に入る前には、事前の打ち合わせもある。だから10分前には来てほしい。

5分前行動だと車が遅れたり、電車が遅れたときに対応できないので、日頃から10分前行動を心がけたほうが安全だよ」

これがGoodな叱り方である理由は、「なぜ10分前に到着しなければならないのか」の理由をメリットとともに説明している点です。

人間は意味を求める動物です。頭ごなしに「こうしなさい！」と指摘するだけでは、行動する動機が生まれません。

　今回の例では、「事前の打ち合わせがある可能性があるため」「車や電車が遅れると待ち合わせ時間に間に合わず、お客様や上司・先輩に迷惑がかかる」と指摘することで、「10分前に到着する意義・メリット」が伝わり、新入社員の理解を深めることができます。

ケース② 「意義」を理解させ前向きにさせる教え方

　〈部下の河野さんは、持ち回りの業務であるゴミ捨てや電話の取次を「自分がやる業務ではないから」といって、頑なにしようとしない。一度注意したいけど、頑固だから注意しづらいなあ……。〉

　上記に対するBadな叱り方は以下のとおりです。

【Badな叱り方】

「お前は、新人なのだからまずは雑用からやるべきだ。

　雑用もできないようなやつに、ちゃんとした業務はできないぞ！」

　これがBadな叱り方である理由は、上から目線の一方的な叱り方になっているからです。このような叱り方では、相手からの共感・納得を得にくく、関係を悪化させる要因となってしまいます。

　なぜ雑用をやってほしいのか、やらないとどうなるのかを伝えることで、雑用をやる「意義」を見出させることが重要です。

　以上を踏まえたGoodな叱り方は以下のとおりとなります。

【Goodな叱り方】

「ゴミ捨てや電話の取次も大事な業務の１つとして考えて欲しい。

みんな持ち回りで担当しているので、河野さんも協力してください。普段のこういった振る舞いが巡り巡って、河野さんが困ったときに協力してもらえない原因になるかもしれないよ」

上記の例では、まず協力してほしい旨を伝えたうえで、本来の業務以外も行なう意義や行為をしないことのデメリットも伝えています。このような叱り方ができると、雑用することの抵抗感がなくなり、前向きに取り組めるようになるでしょう。

ケース③上司・先輩が見ているものは何かを伝える

〈部下の土田さんは、教えたことを何度も聞いてくる。本当に聞いているのかどうか、わからないなあ。

そういえば、メモを取っている仕草をあまり見たことがない。どう指摘したものか。〉

上記に対するBadな叱り方は以下のとおりです。

【Badな叱り方】

「何度同じことを言わせたらわかるんだ。こっちだって暇じゃないし、たくさん業務を抱えているんだ。大体メモも取らないし、本当に聞く気があるのか」

これがBadな叱り方である理由は、本当に指摘したかったこととは違うことが伝わってしまう可能性があるからです。

このような言い方をしてしまうと、何度も同じことを聞くことが悪いのではなく、「忙しいときに声をかけたのが悪かったのかな……」と新入社員に受け取られる可能性が高くなります。

以上を踏まえると、Goodな叱り方の例としては以下のとおりとなります。

【Goodな叱り方】
「このことを教えるのはもう3回目なので、ここでメモを取るなりして同じことを何回も質問しないで欲しい。
　質問には応じるけど、何度も同じことを聞かれると、伝わっていなかったのかなと不安になるんだ」

　上記の例では、まず相手にどうしてほしいのか、そして同じことを質問されるとこちらがどう思うか、についてIメッセージ（53ページ参照）で伝えています。
　このような伝え方ができると、相手の指摘を素直に受容できるだけでなく、「自身の行動によって、相手はどのようなことを感じるのか」を客観的に振り返ることができます。

ケース④叱るときはほめることから入る

　〈部下の梶田さんは、どうも叱られ耐性が弱い。今回の企画の業務も正直にいって、よいできばえとはいえない。本当は次のステップの業務も任せたいのだが……。
　原因はスケジュールや計画の甘さにあるのだけれど、直接言うとまたへこみそうだなあ……。〉
　上記に対するBadな叱り方は以下のとおりです。

【Badな叱り方】
「梶田さん、企画の業務はちゃんと計画を立てないとダメだよ。

だから、いつまで経っても次のステップに進めないんだよ」

　これがBadな叱り方である理由は、叱られ耐性が弱い人に対して、一方的に指摘しているからです。

　叱られ耐性の弱い新入社員に対して、「だから……」や「同期の〇〇さんに比べて……」などの言い回しは、自己肯定感の低下を招き、モチベーションを低下させます。

　叱られ耐性の弱い人を叱る際は、細心の注意を払って叱る必要があるのです。

　では、Goodな叱り方例を見ていきましょう。

【Goodな叱り方】
「梶田さん、以前と比べて企画の業務まで任せられるようになって本当に嬉しく思うよ。

　今後、次のステップの案件を任せるために、スケジュールを立ててから業務に取り組めるようになるとよいと思う。そのほうが、計画的に業務を進められるし、こちらとしても把握しやすいんだ」

　上記の例では、まず、新入社員ができている部分に対してＩメッセージを使いながら承認しているため、相手は次に伝える指摘を受容しやすくなっています。そのうえで、改善ポイントとその理由を添えることで、指摘に対する納得感を高めています。

　「ここができていない！」という言い方ではなく、「さらに成長するためには……」という言い回しを使うと、新入社員は「自身の成長のためにアドバイスをしてくれている」と捉えるため、素直に指摘を受容することができます。

人間が感情をコントロールするのは難しいものです。また新入社員に対して大きく期待しているからこそ、厳しいことを言ってしまうものです。

　しかし叱り方は、言い方1つで新人の意欲が大きく変わります。定着率や成長速度を上げるためには、新人の意欲を高めることが大事なのは言うまでもありません。

　新人の意欲を高める叱り方をすることは、上司・先輩の基本動作です。

　皆さんが新入社員に期待していることや指摘したいことが正しく伝わるよう、今回のケースを参考に叱り方を工夫してみてください。

ほめ方は間違えると逆効果。
モチベーションを高める5つのポイント

「ほめ方にスキルも何もないのでは？」と思われるかもしれません
が、「どのタイミングで」「何を」「どのように」ほめるのかには、
いくつかポイントがあります。

まず、下の図5－5をご覧ください。

皆さんはどちらの円が印象に残ったでしょうか。おそらく、右の
円のほうが印象に残っている方が多いと思います。これは「未完の
円」というものですが、人間は無意識でいると満たされている部分
ではなく、満たされていない部分が気になる傾向があるそうです。

これを人材育成シーンに置き換えると、新入社員が業務を問題な
くできているときは特に何も感じないものの、トラブルやクレーム
など、できていないことがあるとたちまち気になってしまうという
ことです。新入社員に不足している点は無意識でもすぐに見つけら
れる一方で、新入社員が満たしている点（ほめるポイント）は、日

|図5－5|未完の円

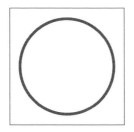

不足している（右）と気になるが、
満たしている（左）と印象に残らない

頃から観察して意識的に見つけない限り、ほめようにもほめること
ができないということです。

概して人は自分に甘く、周りに厳しい生き物です。

ですから自分の目標レベルは高めに、相手の合格レベルは低めに
設定したほうが、最終的には妥当な目標レベルとなります。

そのため自分の合格点は「120点」、部下の合格点は「60点程度」
と考えれば、ほめるポイントを多く見つけることができるでしょう。

新入社員のモチベーションを高めるためには、どのような観点で
ほめればよいのでしょうか。それは、図5-6の5つとなります。

先述の「叱り方」のポイントと対比している部分もありますが、「ほ
めるのが苦手」「新入社員をどのようにほめればモチベーションア
ップにつながるのかわからない」という方は、参考にしてください。

|図5-6|新入社員のやる気を高める効果的なほめ方のポイント

No.	観点	ポイント
1	ほめるチャンスを見逃さない	▶ミス等を放置しておけば大事故につながるため、当然注意する ▶しかし、日々事故を起こさず当たり前のようにきちんと仕事をしてくれていることには気がつかないことも多い。 ▶問題なく進めている仕事や、小さな変化に意識を置いておく。
2	具体的にほめる	▶「ほめる」ことは、「お世辞」とは違い、事実としてよかった点をきちんと伝えること。 ▶「何が」「なぜ」「どのように」「誰の役に立って」「誰が喜んだ」というような点をしっかりと伝えること。
3	オープンにほめる	▶周囲は意外と他者の成功事例に耳を傾けていることが多い。 ▶オープンにほめることで、他の社員も真似をしてくれる。 ▶また、ほめられることで、新入社員も「次もがんばろう」と、さらに前向きな気持ちになりやすい。
4	ほめるときは、ほめることに徹する	▶「今日はいい仕事をしてくれたよ。先日はダメだったけれど……」というように、よかった点を伝えているときには余計な言葉をはさまない。
5	成功、成長をともに喜ぶ	▶ゴールを共有して進めているなかで、新入社員の成功や成長は、上司にとっても喜ばしいこと。 ▶素直に、ともに喜ぶことも、仲間意識や信頼関係の構築には大切。

「なぜ?」を明確に伝える 「意味づけ指導」を心がける

　社会人経験がない、あるいは乏しい新入社員を定着させ育成するためには、業務の教え方もZ世代の特徴を押さえて行なわなければなりません。そのための効果的な方法が「意味づけ指導」です。

　人間は意味を求める動物です。

　「なぜ、何のためにその業務を行なうのか」があいまいであったり、理解できていない場合、業務へのモチベーションが上がらず、「単に言われたことをやるだけ」の空しい作業となってしまいます。

　業務が作業化してしまうと、自ら考え行動する機会が減り、業務に対して受動的な姿勢に陥るため、成長の機会損失につながってしまいます。

意味づけとは仕事に意義と大義を見つけること

　これはZ世代を育成・指導するに当たって特に重要なポイントです。Z世代は、生まれ育った環境から先行き不透明な物事を嫌う傾向があるため、その業務を行なう意義が理解できていない場合、業務へのモチベーションが大きく低下しがちです。一方で同じ業務でも、その意義やメリットがわかると、業務に主体的に取り組み、自ら考え行動するようになります。

　「意味づけ指導」の重要性を理解するための代表的なエピソードに「3人のレンガ職人」の話があります。以下記します。

ある旅人が町を歩いていると、1人の男が道の脇で難しそうな顔をしながらレンガを積んでいました。

　旅人は、その男のそばに立ち止まって尋ねました。

「ここでいったい何をしているのですか?」

　すると、男はこう答えました。

「見ればわかるだろう。レンガ積みをしているのさ。毎日毎日、雨の日も強い風の日も、暑い日も寒い日も一日中レンガ積みだ。なんでオレはこんなことをしなければならないのか、まったくついてない」

　旅人は、その男に「大変ですね」となぐさめの言葉を残して歩き続けました。

　しばらく行くと、一生懸命レンガを積んでいる別の男に出会いました。

　しかし、その男は、先ほどの男ほど辛そうには見えませんでした。

　そこで、また旅人はたずねました。

「ここでいったい何をしているのですか?」

　すると、男はこう答えました。

「オレはね、ここで大きな壁をつくっているんだよ。これがオレの仕事でね」

　旅人は「それは大変ですね」と、いたわりの言葉をかけました。

　すると、意外な言葉が返ってきました。

「なんてことはないよ。この業務でオレは家族を養ってるんだ。この業務があるから家族全員が食べていけるのだから、大変だなんて言ったらバチが当たるよ」

　旅人は、その男に励ましの言葉を残して歩き続けました。

　さらにもう少し歩くと、別の男がいきいきと楽しそうにレンガを

積んでいました。

旅人は興味深くたずねました。

「ここでいったい何をしているのですか？」

すると、男は目を輝かせてこう答えました。

「ああ、オレたちのことかい？　オレたちは歴史に残る偉大な大聖堂をつくっているんだ」

旅人は「それは大変ですね」と、いたわりの言葉をかけました。すると男は、楽しそうにこう返してきました。

「とんでもない。ここで多くの人が祝福を受け、悲しみを払うんだぜ！　素晴らしいだろう！」

旅人は、その男にお礼の言葉を残して、元気いっぱいに歩き始めました。

上司は新人に意味を見出す視点を提供せよ

このエピソードは、同じ業務をしていても、その業務に対する意味づけが異なると業務に対する姿勢が変わってくることを示しています。

最初のレンガ職人は、業務をただ単に業務として捉えていますが、２人目と３人目のレンガ職人は、自分たちの業務に意味や価値を見出しています。この中で最もモチベーション高く業務をしているのは、３人目の職人です。

このようにその業務をする目的が明確であり、その目的を果たすために、どのような貢献ができるのかを自分で考えられるからこそ、その業務に対して積極的に関わる姿勢を持つことができるのです。

しかし、社会人経験がない新入社員が、自ら業務の意義や目的を明確にすることは難しいため、上司が「教える」という手段によっ

て、業務の意義や目的の明確化をサポートする必要があります。意味づけ指導を行なうメリットとして、以下の５つが挙げられます。

①新人のモチベーションが向上する

　業務を行なう意義や目的が明確だと、業務に対するモチベーションが向上します。業務にやりがいや成果を感じることができれば、やる気が出て、業務への取り組み方も変わってきます。結果として、生産性の向上や、業務の質の向上につながります。

②新人のストレスが軽減される

　業務への意味づけがあると業務が苦痛ではなく、自分の人生の一部であるという認識が生まれます。それにより、業務に対するストレスが軽減されます。業務への意味づけがあると、業務に取り組む時間が長くなっても疲れにくく、ストレスを感じにくくなります。

③新人の自己実現につながる

　業務への意味づけがあると自己実現が可能になります。

　自分のやりたいことや自分が本当に成し遂げたいことに取り組むことができれば、自分自身が成長し、充実感を得ることができます。

　業務を通じて自己実現をすることで、人生に対する満足感や幸福感を得ることができます。それが定着・成長につながります。

④新人のキャリアアップ機会が生まれやすくなる

　業務への意味づけがあると、業務に対する知識や技術を積極的に習得することができますから、スキルアップとキャリアアップの機会も生まれます。業務を通じて得た知識や経験は自己ＰＲになり、

キャリアアップに有利に働くこともあります。

⑤チームワークが向上する

　業務への意味づけがあると、自分自身だけでなく、チーム全体の目標や価値観に向かって行動することができます。

　チーム全体のモチベーションやチームワークが向上します。

　新人にとってチームへの貢献度が上がることは、自身の承認欲求を満たすことになります。

意味づけ指導を行なう際の効果的な教え方

　意味づけ指導を行なうためのポイントを2つ紹介します。

①業務の全体像を提示しつつ、その業務を行なう意義・メリットを説明する

　新入社員の多くは、業務のやり方や進め方を細かく教えられても「一度にこんなに覚えられない」と感じてしまいます。新入社員に業務を教える際は、まず業務の全体像を説明し、それぞれの業務がどのようにつながっているのかを理解させることが重要です。

　業務の全体像を理解することで、1つひとつの独立した業務が体系的に理解でき、業務の順序や優先度を整理しやすくなります。

　そのうえで、「なぜ、何のためにその業務をするのか」といった意味づけ指導や「そのためにどのような手順で業務を遂行しなければならないか」を伝えることで、新入社員の業務への理解度を高め、業務遂行へのモチベーションを喚起することができます。

　業務を説明する際は、失敗談や笑えるエピソード、工夫してうまくいった話など自分の体験談を交えて説明すると、新入社員が業務

を遂行するうえでの注意点や重要点をより深く理解でき、業務をイメージしやすくなります。

②コーチングを通じてその業務を行なう意義・メリットを考えさせる

その業務の意義や目的を伝えることが重要ではありますが、一方的なコミュニケーションとなると、どうしても「やらされ意識」が芽生えてしまいます。

ある程度実務経験を積み、知見が高まりつつある新入社員に対しては、コーチングを通じて、その仕事を行なう意義・メリットを考えさせることも有効です。

コーチングとは、相手の自発性・可能性（知恵・考え）を引き出し、課題解決や成長・願望実現のサポートをするコミュニケーションスキルです。「話を聴いたり、問いかけたり、提案したりする人（コーチ）」と、「自分のことを語りながら考える人（クライアント）」の2人で行なわれます。

人間は、人に自分の想いや考えを話していくことで、それまで抽象的であった考えが具体化されたり、いままで考えていなかったアイデアが出てきたりすることがあります。

このように対話を通じて漠然としているものが具体化されると、その業務を遂行する意義やメリットが明確になり、「やってみたい！」という動機づけにつながります。

新入社員の育成・定着に最も効果的なコーチングの手法は、「具体化質問（＝チャンクダウン）」というものです。

人間は、過去の経験や考えを「塊（チャンク）」にして記憶する

傾向があります。この塊を質問によってほぐす、具体化することを
チャンクダウンといいます。

　いわば、相手の考えや話を具体化する質問の技術です。

納得へ導く教え方、チャンクダウンのやり方

　1つチャンクダウンの例を示します。

　以下は、とある上司と若手営業パーソンとのやりとりです。話を
聞いてみると、どうやら新規開拓の進め方について若手社員が質問
しているようです。

上司：新規開拓には月何件くらい行けそうかな？

部下：最低でも月10件は、何とか回りたいですね……。

上司：そうか、頑張ってね！　それで、いつから回るの？

部下：早速、来月から動きたいと思います。

上司：どんな方法で新規開拓したら成果は上がるかな？

部下：とりあえず、既存顧客に紹介をもらいます

上司：それはよい方法だね！　どのお客様から情報をもらおうか？

部下：そうですね……。A商事の社長は顔が広く、情報がありそ
　　　うです。

上司：なるほど！　その社長にコンタクトをとるにはどうしたよ
　　　いだろう？

部下：A商事の田中氏とは面識があるので、社長をご紹介いただ
　　　きます！

　いかがでしょうか。最初は「新規開拓」という漠然とした目標で
したが、最終的には、最初の一歩として「A商事の社長に紹介をも

らうために、田中さんにコンタクトをとる」というアクションが出てきました。

このようにチャンクダウンを経ることで、漠然としていた話が具体化できると、今後の取り組みやその意義を明確にすることができます。

効果的な質問を行なうための切り口としては、「いつ・誰が・どこで・何を・なぜ・どのように・いくらで・どれくらい（5W3H)」があります。

こうした技術を用いながら、漠然とした話をブレイクダウンすることは、新入社員にその業務を行なう意義・メリットを考えさせ、言語化させ、気づきを与えるうえで有効です。

最後に、もう1つ、教え方のポイントを述べておきます。

それは、「スモールステップで目標設定を行ない、成功体験を積ませることで自己効力感を高める」ということです。

再三述べているとおり、人間は意味を求める動物ですので、「なぜ？」「何のために？」というゴールや目的を明確にすることでモチベーションが向上します。

人間は目標を達成すると、「自分はやればできる！」という自己効力感が強くなり、さらなる行動につなげることができます。

そのため、目標は大きいものを掲げるのではなく、細かな目標を多く設定しそれをクリアーさせ、小さな成功体験を積み重ねることが有効です。

これは「スモールステップ」と呼ばれる技術ですが、特にZ世代のように承認欲求の強い世代には、スモールステップで小さな成功体験を積み重ねることで、行動力を高めることが有効です。

中小企業で成功している
定着・育成制度の運用事例

　本章の最後に、中小企業で成功している2社の定着・育成制度の運用事例についてご紹介します。

受け入れ側研修で育成・指導方法のすり合わせを行なう

　部門・上司間でZ世代の育成・指導方法のすり合わせを行ない、新入社員の定着率を高めた中小企業の事例です。

　同社では定期的に新卒採用を行なっていましたが、早期離職に悩んでいました。

　そこで、退職者に対して離職理由をヒアリングしたところ、多くが「上司・先輩の指導方法が異なり、それがストレスに感じた」、「上司・先輩とのコミュニケーションがうまく取れなかった」という回答でした。

　この結果を受け、新入社員の定着を会社の重要課題として設定し、おもには以下の取り組みを実施しました。

①メンター制度の導入

　最初に取り組んだのは、メンター制度の導入でした。メンター制度のメリットについては109ページ以降でくわしく解説しています。

　同社では、「上司・先輩とのコミュニケーション不足」が離職原因の1つであったため、メンター制度を導入し、新入社員と年齢の近い20～30歳の若手社員の中からメンターを選定しました。

　働くなかでの不安や悩みをメンターが解消するだけでなく、必要

に応じて社内連携を図ることで社内コミュニケーションが活性化され、同時に新入社員から聞いた不満をもとに職場環境の改善にも取り組んだため、全社的な離職率の低下につながりました。

②受け入れ側研修を通じた、育成・指導方法のすり合わせ

　同社のもう1つの問題点「上司・先輩によって指導方法が違う」は、その原因に「新入社員の育成・指導を現場（上司・先輩）に一任していた」が挙げられました。

　そこで、部門長とメンターを対象として受け入れ側研修を実施し、部門・メンター間での育成・指導方法のすり合わせを行ないました。

　本研修では、Z世代の特徴や定着・育成のポイント理解をはじめ、「新入社員が身に付けるべきスキル（＝何を教えるか？）」と、本章で紹介した4つのスキル（213ページ参照）をはじめ、「受け入れ側社員（上司・メンター）が身に付けるべきスキル（＝どのように教えるか？）」について検討しました。

　以上の研修を通じて、育成・指導スキルの底上げを図ると同時に、上司・メンター同士の密な意見交換・情報交換を行ない、新入社員の育成・指導方法のすり合わせを行なったことで、属人的な育成・指導を脱却することができました。

　その結果、新入社員の定着率が改善されただけでなく、「若手社員の定着率が高い企業」として採用活動のＰＲに活用することができ、採用力の強化にもつながりました。

定期的な1on1面談で悩み・不安を解消し成長支援する

　入社歴の浅い社員を対象とした1on1面談を通じて、社員の悩み・

不安の解消や成長支援を行なうことで、入社３年目までの中途社員の離職率を低下させた中小企業の事例です。

　メーカーである同社には、餅つき大会や運動会、社員旅行といった社員同士の交流を深めるための定期的な会社行事・イベントや、社員食堂・フィットネスルームの完備・資格取得支援をはじめとした充実した福利厚生など、社員の働きがいを向上させる施策が多数あり、数年前までは離職があまり発生しない企業でした。

　実際、社員への働きがいアンケートを実施した際も、「充実した福利厚生に加え、会社行事・イベントを通じて部門の垣根を越えてさまざまな社員と交流を深めることができるなど、安心して長く働くことができる」といった声が多く上がっていました。

　しかし、国内におけるコロナの感染拡大によって会社行事・イベントがなくなり、社員間のコミュニケーションが希薄になったことで社歴の浅い社員が組織内で孤立しやすくなり、急な増産・減産によっても製造現場の負担が増え、特に独り立ちしていない製造職社員の仕事へのストレスが増えた結果、年々離職率が高くなっていました。

　そこで同社は、社歴の浅い社員の離職防止に向けて１on１面談を実施しました。

　１on１面談とは、上司と部下が１対１で行なう面談のことで、面談を通じて部下が抱えている悩みや将来的なビジョン等を理解すると同時に、対話を通じて問題解決や気づきを与えることで部下の成長をサポートする手法です。

　１on１面談は、先端的なＩＴ企業が集中するシリコンバレーで誕生しました。

日本国内では、近年の生産年齢人口の減少によって人材定着の重要性が増したことや、テレワークの普及をはじめ、多様な働き方を推奨する企業が増えたことで、上司と部下のコミュニケーション強化が課題とされたことなどを背景に、1 on 1 面談を実施する企業が増加しました。

　同社では、以下の手順で1 on 1 面談を通じたフォローアップを実施しました。

● 1 on 1 面談の目的・ゴールの設定

　1 on 1 面談を実施する目的・ゴールを設定しました。

　目的・ゴールを設定する際は、過去に同社を離職した社員の離職原因を参考にしました。

　すると、おもな離職理由としては、多くの社員が「仕事へのストレス」「仕事内容・働き方」「上司との人間関係」を理由に離職していることがわかりました。

　その原因として「製造現場における業務がルーティン化されており、仕事へのマンネリ感がある」「成長実感を持ちにくく、社員のモチベーションが低下しやすい」「シフト制での働き方であるため、業務中に上司とのコミュニケーションがとりにくい（またはその機会がない）」ことが考えられたため、1 on 1 面談を実施する目的・ゴールを以下のとおり設定しました。

■対話を通じて部下の悩み・不安を解消し、ストレス軽減を図る
■部下へのフィードバックを通じて、成長度合いや頑張りを承認し、モチベーションアップを図る
■部下の目標や将来展望をヒアリングし、その実現に向けたアドバ

イス等を通じて成長支援を行なう

■上司と部下との定期的なコミュニケーションの場を設けることで信頼関係を構築し、社員の定着率を高める

● 1 on 1 面談を実施する対象者の選定

　同社の部門別の離職率や属性を踏まえて、1 on 1 面談を実施する対象社員を選定しました。

　300名程度の社員を有する同社は、全社員を対象とした 1 on 1 面談を実施することが難しいため、特に離職が多い部門や社員の属性を分析したうえで、実施する必要がありました。

　分析の結果、製造部の離職率が最も高く、離職者の平均勤続年数は2.5年、平均年齢は35.7歳でした。

　そこで、まず「入社 3 年未満の製造部社員」を対象として、1 on 1 面談を実施することにしました。

● 1 on 1 面談時のヒアリングシートの作成

　1 on 1 面談時に使用するヒアリングシートを作成しました。

　今回の 1 on 1 面談における目的は、「社員が抱える不安・悩みを解消すること」「成長度合いや頑張りを承認し、モチベーションアップを図ること」「目標や将来展望に対するアドバイスを通じて、社員の成長を支援すること」でしたから、その目的を満たすためのヒアリング事項を洗い出しました。

　具体的には次ページ図 5 - 7 のような事項をヒアリングすることにしました。

|図5-7|1 on 1ミーティングのヒアリングシート

対象者名		部署	
勤続年数		課	

面談日	
担当者名	

ヒアリング事項	MEMO
■アイスブレイク（キドニタチカケシ衣食住）	気候・道楽・ニュース・旅・知人・家庭・健康・仕事・衣類・食べ物・住まい
■面談目的の伝達 ※秘密保持・評価対象外である旨を伝える	①　現在の悩み・不安の解消 ②　今後の成長に向けた目標・課題設定 ③　会社・上司への要望確認（異動など）
①入社～現在までの振り返り・感想（成長した点・よいギャップ/悪いギャップ）	
②入社して最もよかったこと/嬉しかったこと	
③現在のおもな担当業務と今後の目標・課題（今後できるようになりたいこと/やってみたいこと）	
④働いているうえでの悩み・今後働き続けるうえでの不安（人間関係・業務内容/業務負担・働き方・給与等）	
⑤会社・上司への要望・期待事項	
⑥そのほかの期待・相談事項・改善対案等	

【面談担当者 所感】
※本人の就労状況、労働意欲、定着に対する懸念点、そのほか関係者への共有事項など

● 1 on 1 面談スケジュールの作成

　最後に、1 on 1 面談をスムーズに実行するため、スケジュールの作成・共有を行ないました。

　同社の場合は下図のような「1 on 1 面談カレンダー」を作成し、上司名と対象者名を記入して、1 on 1 面談の目的とともに対象者へ事前共有を行ないました。

　対象者へ事前に共有する理由は、「1 on 1 の面談日程を事前にアナウンスすることで上司・部下双方に事前準備を行なう時間ができる」、「1 on 1 面談の目的を伝達することで部下の警戒を解く」ためです。

|図5−8| 1 on 1 面談カレンダー例

20XX年■月

日	曜日	対象者名・部署名①	対象者名・部署名②	面談実施者	チェック
1	月	水谷さん (製造部／A班)	梅津さん (製造部／B班)	河野部長	
2	火	小沢さん (製造部／A班)	梶田さん (製造部／B班)	河野部長	
3	水				
4	木	金田さん (製造部／C班)	吉村さん (製造部／C班)	村井課長	
5	金	杉浦さん (製造部／C班)	白岩さん (製造部／C班)	村井課長	
6	土				
7	日				
8	月	佐藤さん (製造部／D班)	田中さん (製造部／D班)	鈴木課長	
…	…	…	…	…	

● ヒアリング内容を踏まえた定着施策の追加検討

社員に対する1 on 1面談実施後は、ヒアリングシートを人事プロジェクト専用のフォルダに格納し、（本人了承のうえで）プロジェクトメンバーへ共有を行ないました。

社員から意見の挙がった改善提案や会社への要望・期待事項を洗い出し、人事プロジェクト内で定着施策を検討したうえで、実現可能な施策から順次実行しました。

このように社員から聞いた意見について議論し、施策を実行することで、対象者は「会社が自分の不満解消のために動いてくれた」と感じ、社員のエンゲージメントを高めることができました。

以上のような、1 on 1面談の導入・活用を行なったことで、上司・部下間のコミュニケーション活性化や信頼関係の強化、社員の悩みや不安の解消や成長支援ができました。

その結果、コロナ禍で離職が相次いで発生していた勤続3年未満の社員の離職率を低下させることに成功。同社ではこの取り組みを、入社3年以上の社員にも展開し、いまでは全社的なエンゲージメント向上に取り組んでいます。

大園羅文（おおぞの らもん）
1994年生まれ。東京都大田区出身。同志社大学卒業後、「中小企業を支えたい」という志から㈱新経営サービスに入社。現在、「採用・定着コンサルタント」として中堅・中小企業を対象とした人材採用支援（新卒・中途）、若手人材の定着・即戦力化支援、人事制度の構築・運用支援に従事。特に「採用・定着力の強化」を得意テーマとしており、中小企業特有の問題に対する支援を通じて"若手社員が辞めない・成長する組織づくり"をテーマに掲げている。新経営サービスの「受け入れ側・新入社員研修」責任講師を務める。

せいこうじれい
成功事例でわかる
ちい　かいしゃ　　　　さいよう　いくせい　ていちゃく　　きょうかしょ
小さな会社の「採用・育成・定着」の教科書

2023年7月1日　初版発行
2023年9月20日　第2刷発行

著　者　大園羅文 ©R.Oozono 2023
発行者　杉本淳一

発行所　株式会社 日本実業出版社　東京都新宿区市谷本村町3-29 〒162-0845

　　　　編集部　☎03-3268-5651
　　　　営業部　☎03-3268-5161　振　替　00170-1-25349
　　　　　　　　　　　　　　　　　https://www.njg.co.jp/

印刷／理想社　製本／若林製本

ISBN 978-4-534-06024-2　Printed in JAPAN

小さな会社の〈人を育てる〉
賃金制度のつくり方

山元浩二
定価 1815円(税込)

給与に対する社員の不満をなくし、人を育てて会社も育つ、社員が1人でもいれば絶対に整えておきたい〈小さな会社〉向け賃金制度のつくり方を伝授。ダウンロードしてすぐ使えるExcelシート付!

小さな会社の〈人と組織を育てる〉
業務マニュアルのつくり方

工藤正彦
定価 1980円(税込)

属人化しがちな技術・ノウハウを共有し、従業員のスキルや組織の生産性を上げるうえで欠かせない「マニュアル」。1500以上のマニュアルを作成したプロが、絶対に機能するメソッドを惜しみなく公開。

「人事・労務」の実務がまるごとわかる本

望月健吾・水野浩志・
堀下和紀・岩本浩一・
杉山晃浩
定価 2530円(税込)

社会保険手続きから給与計算業務、就業規則、雇用契約書、採用、人事評価、社内研修まで、新人でも理解できるよう実務のポイントをわかりやすく解説。人事・労務の実務の疑問点はこの1冊で解決!

こうして社員は、やる気を失っていく
リーダーのための「人が自ら動く組織心理」

松岡保昌
定価 1760円(税込)

モチベーションを高めるには「モチベーションを下げる要因」を取り除くこと!「社員がやる気を失っていくパターン」=疲弊する組織や離職率の高い会社の「あるある」を反面教師に改善策を解説。

定価変更の場合はご了承ください。